AR-CHE
Paul Köthner

Sonderausgabe Nr.: 14

Mein Dank geht an Peter Windsheimer für das Design des Titelbildes. Des Weiteren an Ariane und Michael Sauter.

Für Schäden, die durch falsches Herangehen an die Übungen an Körper, Seele und Geist entstehen könnten, übernehmen Verlag und Autor keine Haftung.

Copyright © 2018 by Christof Uiberreiter Verlag
Waltrop • Germany

Herstellung und Verlag:
BoD – Books on Demand, Norderstedt
ISBN: 9783752835601

Vorwort:

In meinem Besitz befinden sich leider nur die Hefte „Arche" 3-7 mit dem Sonderblatt „Ausführung des Opfergedankens". Diese bilden eine „zwanglose Schriftenfolge für erfahrene Lebensringer. Heft I klärt über das Wesen derselben auf. Die Hefte II und III sowie ein Sonderblatt behandeln den alt-arischen Opfergedanken; sie kommen nur für die Wagenden in Betracht und werden von dem *Brückner* persönlich ausgegeben. Heft IV: „Deiner Hände Werk" bietet die Einweihung in das Geheimnis der Liebe zum Werk; kein Lesestoff zur Unterhaltung. Heft V: Weltverbesserer als Vampyre der Menschheit", enthüllt das Wesen des astralen Vampyrismus. Umschlagdeckel für alle Hefte, purpurfarben mit Goldprägung" mit einem Templerkreuz. Interessant ist dazu noch zu wissen, dass Paul Köthner Mitglied in der Dresdner Loge des *Freimaurerorden des goldenen Centuriums* war, die Franz Bardon vernichtet hatte. Deshalb das Kreuz! Er war einer der vier Mitglieder, die den Weg der Mitte gegangen sind, da es keine anderen traditionellen Wege gab, die Gottheit zu erreichen. Er dreht die negativen Symbole um und ging den Weg zur universellen Gottheit. In dieser hier vorliegenden Schrift berichtet er unter anderem über die Loge des *Mammon*!

Biografie von Dr. Paul Köthner:

Dr. Köthner ist am 7. Juni 1870 geboren, studierte Philosophie, promovierte zum Dr. phil. an der Universität Halle und lebte den Typus des Intellektuellen in ganz reiner Form. Da er höher gestellt war, rutschte er in die Freimaurerei und schrieb auch Bücher darüber. Sein Aszendent liegt im Merkurzeichen Jungfrau, das einen ausgezeichneten Intellekt gibt und für wissenschaftliche Probleme eine besondere Begabung hervorruft, die sich oft in kleinlichen Einzelheiten verlieren kann, wodurch der Blick für die großen Zusammenhänge getrübt wird. Aber bei ihm trat das nicht auf, da er ausgeglichen war.

Jungfraugeborene sind immer systematisch und korrekt bis zur Pedanterie. Es ist die starke Neigung zu philosophischen Ideen, die bei Dr. Köthner eine besondere ausdrucksvolle Gestaltung erfährt, weil der Geburtsherrscher Merkur hier in seinem Tagzeichen Zwillinge steht in Konjunktion mit Sonne und Jupiter. Diese drei bilden eine Konjunktion in Himmelsmitte.

Dr. Köthner´s Lebenswerk bestand darin, vom gebräuchlichen intellektuellen Denken zum hermetischen Denken zu führen, welcher Aufgabe seine Schriften, besonders seine Siebenjahresschrift „Die Wandlung", diente.

Sonne und Merkur in Himmelsmitte prägen unverkennbar den Typus des Wissenschaftlers, der sich aber nur astrologisch gesehen mehr in problematischen und theoretischen Bahnen bewegt als auf praktischen Gebieten. Denn seine sämtlichen schriftstellerischen Erzeugnisse zeugen von hoher Begabung und infolgedessen von praktischer Erfahrung.

Astrologisch sagt man ihm nach, dass er an der Aufgabe, intellektuelles und hermetisches Denken streng zu sondern, zerbrochen ist. Der Mond im 1. Hause steht zur Sonne und zum Merkur in Quadratur, sein brillantes Denken war zu kritisch und methodisch, zu sehr in Einzelheiten verloren. Aber dennoch hat er durch seine Übungen ein vollkommenes Wesen erreicht, und nicht, wie viele andere, nur Teilergebnisse. Die vielen Enttäuschungen und öffentlichen Feindschaften machten ihn verbittert, was für einen Hermetiker typisch ist, wenn er sich um die Entwicklung anderer kümmert, sodass er die letzten Jahre seines Lebens in strenger Abgeschiedenheit und Ruhe verbrachte.

Dr. Köthner war freimaurerischer Hochgradbruder. Was ihn von der Freimaurerei entfernte und trennte, darüber werden wir an anderer Stelle noch berichten. Dass trotzdem die Ideenwelt der Freimaurerei in sein eigen Wesen übergegangen war, daran kann man nicht zweifeln, wenn man ihn näher kennen lernte. Die Freimaurerei stellt nämlich einen Weg zur Gottheit dar, wenn man in der Lage ist, die Symbolik richtig zu entschlüsseln. Dies konnte er aufgrund seiner Reife!

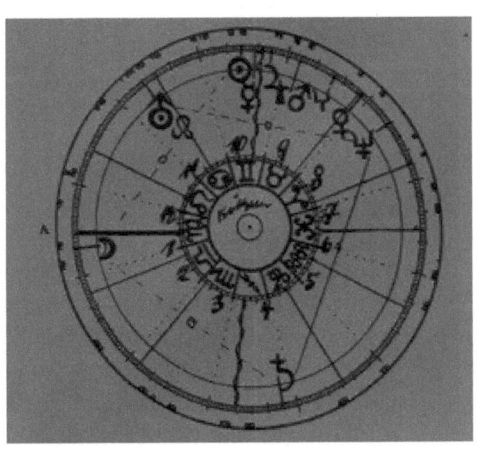

Er gründete im letzten Kriegsjahr die „Deutsche Geistgesellschaft" und sammelte in ihr getreue Kämpfer zum politischen Kampf. Die Deutsche Geistgemeinschaft war der Vorhof zu dem Orden, zu dem nur wenige Zutritt hatten, ORAM, der Orden der Ordnung. Dieser „Oram" sollte die Reorganisation der Bruderschaften sein, die durch die Geschichte sich verfolgen lässt als die „Ritter vom heiligen Gral", „Rosenkreuzer", „Illuminaten", „Brüder der weißen Loge", „Freimaurer" usw., die teilweise ihre Entstehung in die sagenhaften Insel Atlantis zurückverlegen. Der Ursprungsort der Runenmagie! In seiner Struktur und in seinem Aufbau zeigt der „Oram" das gleiche Bild wie die Freimaurerorden, es gibt verschieden Grade, Hochgrade, verschiedene Dome, der blaue Dom, der grüne Dom und der Purpurdom usw., sprich, er vertrat eine universelle Entwicklung. In diesem Oram sammelte Dr. Köthner die wenigen Getreuen. Eine Unzahl von ungedruckten Handschriften stand jedem zur Verfügung. Der Aufgenommene wurde erst Lehrling, dann Treuer oder Geselle und später Meister. In den Außerordentlichen Kreis oder die Hochgrade kamen nur Vereinzelte, denn die Runenmagie verlangt eine hohe und reine Form der Ausgeglichenheit! Aus diesem Grunde der Namen: Orden der Ordnung!

Uranus steht bei ihm im 11. Hause in exakter Quadratur zum Neptun im Todeshaus! Das ist die Konstellation geheimer Gesellschaften und Orden. In der Quadratur vom Neptun liegt die Enttäuschung und der Verrat, die Dr. Köthner mehrfach erleben musste und die ihn verbittert machten, worüber ein Brief von ihm, den er mir in einer solchen Sammlung schrieb, Zeugnis abgibt. Die Enttäuschung über die Schüler und die Niederträchtigkeit der dunklen Freimaurer ließen ihn nicht in Ruhe, denn keiner bringt noch Verständnis auf für die universelle Gottheit.

Die Quadratur Neptun und Uranus ist in ihrer tiefsten Wirkungsmöglichkeit noch gar nicht erfassbar, da beide Planeten noch zu „neu" sind, um ein abschließendes Urteil abgeben zu können. Sicher liegen darin die geheimen Fäden, die ihn mit den Freimaurerorden noch verbunden haben. Neptun im 8. Hause ist eine Position, die zu den gewagten Vermutungen Anlass gibt, die sein Handeln und Denken bestimmend beeinflusst haben. Dr. Köthner fühlte sich als „Könner", da er die kleinen und großen Runenarkanen beherrschte. Von ihm selber weiß ich, dass er längere Zeit die Exerzitien der katholischen Kirche mitgemacht hat, und dass die Kirche einen breiten Raum in seinem Leben einnahm, zeigt der Jupiter in Himmelsmitte und Neptun im 8. Haus. Aber Neptun ist dafür maßgebend wie er seinen Orden der Ordnung „Oram" gestaltete, weil von Neptun die Fäden (Quadratur) zum Uranus laufen. Wird Uranus hier im 11. Hause zum Signifikator geheimer Orden und Gesellschaften, so zeigt die Quadratur vom Neptun bewusste oder unbewusste Täuschung im Dienste von Mächten, die nie in die Öffentlichkeit treten, sondern streng verborgen bleiben.

Inwieweit Neptun im Todeshause seinen eigenen Tod beeinflusst hat, wollen wir nicht untersuchen. Dass sein Tod und Sterben Anlass gibt, ihn und sein Werk bekannter zu machen als zu seinen Lebzeiten, dafür sprechen dir Konstellationen eindeutig. Er kam ja auch erst in seinen letzten Lebensjahren in die Öffentlichkeit durch seine Werke, besonders die „Hermetischen Lehrbriefe", „Elemente Deutscher Kultur", „Die Wandlung" und seiner Entgegnungsschrift gegen die Angriffe Ludendorffs wegen seiner freimaurerischen Zugehörigkeit. Die Sonne als Herrscher vom 12. Haus steht im 10. Haus!

Auf dem Gebiet der Alchemie war er ein Könner, die Umwandlung der Metalle, die Transmutation von Blei in Gold beherrschte er. Einmal schrieb er mir von seinem bereits erfolgten leiblichen Tod in diesem Leben! Er konnte sozusagen bewusst über die Schwelle ins Astralreich treten. Nun ist er am 23. Juli 1932 nach schwerer Krankheit entschlafen.

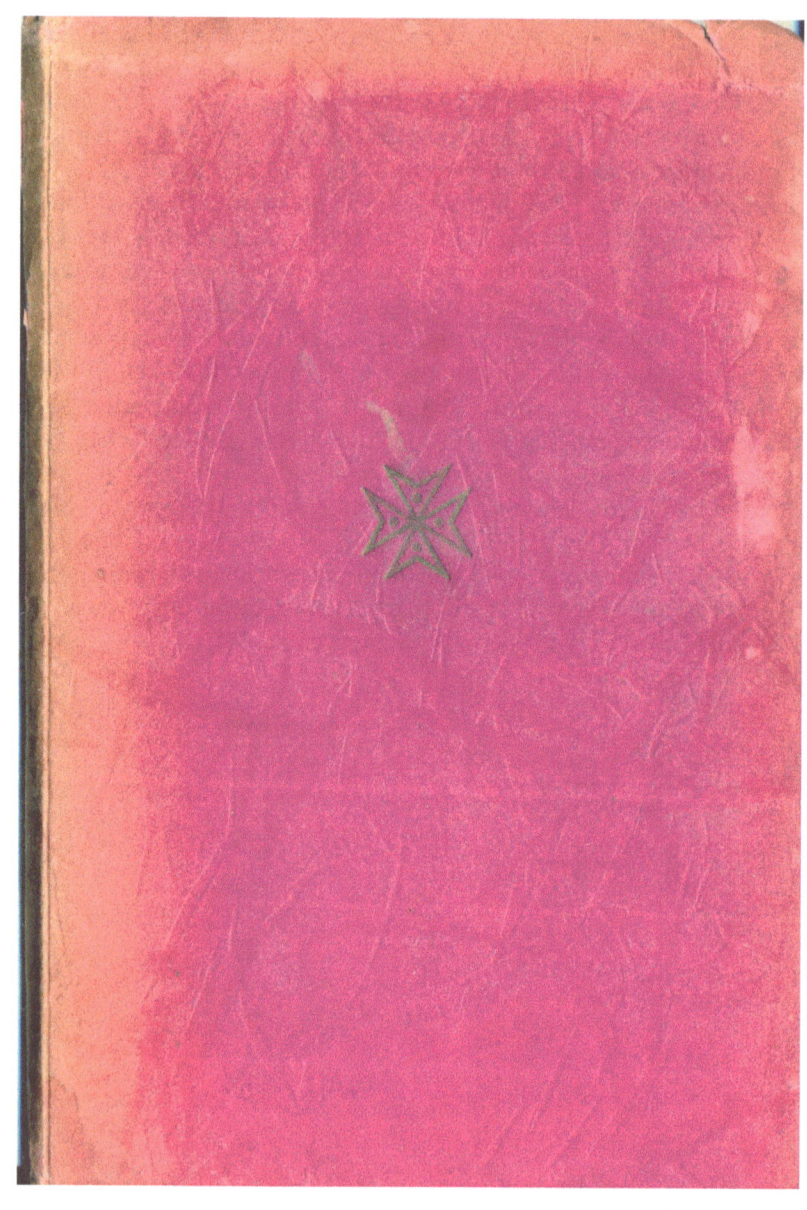

Titelbild des Buches „AR-CHE" mit dem Templer-Kreuz

AR-CHE
Tatkunst für die Wagenden

D O M
III
Opfer und Gebet

Seit etwa 30 Jahren wird in gewissen Gemeinschaften mit Eifer eine amerikanische Erfolgsmethode geübt, welche darin besteht, dass jedes Mitglied der Gemeinschaft an jedem Tag zur gleichen Stunde, wo immer es sich befinden mag, eine kurze Zeit seine Gedanken auf ein Erfolgsziel der Gemeinschaft oder auf Heilung (körperliche oder seelische) eines bestimmten Menschen lenkt, indem es eine vereinbarte oder frei gewählte Formel mit voller Sammlung der Gedanken spricht. Die Erfolge und Heilerfolge solcher Gemeinschaftsübungen werden nicht ausbleiben, wenn der Leiter derselben die Gedanken nur auf solche Dinge sammeln lässt, deren Gelingen im Rahmen des kosmisch Möglichen liegen. Doch dazu gehört ein sehr feines und ein sehr reines Gefühl für die feinsten Schwingungen in der Erdaura: Diejenigen, welche diese Methode einführten, hatten solche feine Einfühlung: ihre Nachahmer hatten sie weniger oder gar nicht; darum arbeiten deren Gemeinschaften mit so problematischem Erfolg, dass die Sache entweder allmählich einschläft oder mit Einbildungen, Aberglauben und Wahnseligkeit ein wenig gesundes Leben fristet. Mag diese Gedankensammlung vieler auf einen Punkt von Anfang an eine falsche Richtung gehabt haben und darum veräußerlicht und entartet sein: an der Sache selbst ist schon etwas dran! Im Wesen ist es gar nichts anderes als eine aufs praktische gerichtete Gebetsübung einer Glaubensgemeinde. Alles, was dieser Gebetserhörung oder Nicht-Erhörung bringt, das bringt auch jener die wirklichen oder eingebildeten Erfolge und Misserfolge.
Auch die öffentlichen Fürbitt-Gebete der Kirche erhoffen ja Erfüllung durch Sammlung der Wunschkraft von Tausenden. Wenn die Wunschkraft matt ist und die volle Sammlung bei den Tausenden fehlt, so kann

folgerichtig der Erfolg kaum merkbar sein. Aber die schulmäßige Logik versagt hier: denn der Erfolg bleibt auch aus, wenn – wie z. B. während des Krieges, als allgemein um den Sieg der deutschen Waffen gebetet wurde – die Wunschkraft der Tausenden brennend heiß ist und der Wille zur Sammlung einen sehr hohen Grad erreicht hat. Es steht demnach fest, dass auch der lebendigste Wunsch und der stärkste einmütige Wille selbst eines großen Millionen-Volkes nicht in jedem Falle ausreicht, um einem Gebete die Erfüllung zu sichern. Die letzte Entscheidung liegt stets jenseits von Wunsch und Willen einzelner Menschen, einzelner Gemeinschaften und Völker. Wenn Gebete nicht erfüllt werden, so hat man nicht das Rechte zu beten und nicht recht zu wünschen verstanden. Nach Jahren wird es auch immer bewusst, warum Erfüllung unmöglich, ja unheilvoll gewesen wäre; so z. B. wissen wir heute, dass der erbetene Sieg der deutschen Waffen das deutsche Wesen, welches einmal allen Völkern Genesung bringen soll, schwer vergiftet haben würde. Erfüllung eines Gebetes kann nur eintreten, wenn das Erbetene mit dem Plane der göttlichen Weltordnung vereinbar ist. Dieser ist durch noch so heiße Gebete einzelner Gemeinschaften und Teile der Menschheit nicht beeinflussbar, denn es ist bedingt durch den Zustand des Menschen; der Gesamtheit Mensch. Je geordneter daher der Zustand der Menschheit wird, umso besser kommen Menschheit-Wille und Gottheit Wille in Einklang, umso seltener wird der Einzelne sein Gebet auf etwas z. Zt. Unmögliches richten, (weil die Grenzen des Möglichen immer weiter werden), umso häufiger werden Gebete erhört.

Die Menschen verlieren ihren Glauben an Gott, weil sie – in Unkenntnis dieser gegenseitigen Bedingtheit von Mensch und Gott – nicht recht zu wünschen verstehen. Wer das vermag, der findet jedes seiner Gebete erhört. Es sind besonders die anfangs erwähnten Gedankensammlungen in Gemeinschaften und die diesen entsprechenden Fürbitt-Gebete der Gläubigen, welche häufig ein falsches Wünschen erkennen lassen. Man erwartet, dass Gott Partei nehme für das eigne Volk, für die eigne Gemeinschaft, und gegen die anderen, sie schädige und vernichte. Beispiel: „Gott strafe England". Dieses verlogene England aber war ebenso wie das verratene Deutschland Werkzeug in der Hand desselben Gottes! Man macht Gott Vorschriften und bedenkt nicht, dass Gott in seinem Wirken abhängig ist vom Zustand der ganzen Menschheit. Und wenn überall Unordnung und Unheil waltet, so ist es der ungeordnete und heillose Gesamtzustand der Menschheit, der dies notwendig zur Folge hat. Auch das eigne Volk kann nur in dem Grade genesen, wie die Kraft gesunder Ordnung im Einzelnen wächst. Erst dann, wenn diese Kraft mächtiger zu werden beginnt, als die Gegenkraft, die heute herrscht, wird Gott die Gebete, die man für des Volkes Heil an ihn richtet, erfüllen können; erst dann wird er als guter Gott empfunden und allgemein geglaubt werden. Das ist gegenwärtig nur erst in den kleinen Kreisen (wie unser Opferkreis) erfüllt, welche jene Übermacht an gesunder Kraft der Ordnung anstreben und sie auch gewinnen werden. Auf die große Zahl kommt es nicht an; das Heil kommt von den Wenigen! (vgl. AR-CHE, I). Darum sorgt ein jeder für die seinen und seines Volkes Heil am besten, wenn er für sein eignes Heil sorgt. Nur soviel Kraft er selber neu gewinnt, soviel Kraft kann er anderen geben; gewinnt er keine neue Kraft, so wird weder bei ihm noch bei seinem Volke das Geringste besser werden. Jeder kann nur für sich selbst einstehen und darf nur sich selber bestimmte Zwecke und Ziele setzen. Gemeinschaftliche Gedankenübungen und Bittgebete für Regierung, Volk, Umwelt und auch für die Allernächsten sollten deshalb vorerst niemals die Erreichung eines besonderen Zweckes zum Gegenstand haben, weil man außerstande ist zu ermessen, ob dieser dem göttlichen Plane gemäß ist. Stets aber ist im Einklang mit diesem der Wunsch, dass das oder der Betreffende in Ordnung komme, d. h. seine Ordnung, sein Glück, sein Heil finde. Das ist es, was man für andere und anderes stets wünschen soll. Dieser Wunsch findet in dem schlichten Wort: „Dein Wille soll geschehen,“ seinen Ausdruck, wie denn überhaupt das Vaterunser ein bisher noch nicht. übertroffener Ausdruck der Bestätigung der göttlichen Ordnung ist. Nichts als solche Bestätigung tut not; sie ist zugleich ein Bekennen zu ihr und ein Sich-Einordnen in dieselbe. Mit irgendeinem Dogma von Gott hat dieses Bekennen zur Ordnung gar nichts zu tun. Wer derart die Ordnung achtet, der lenkt die wirksamen Heilkräfte auf den (oder das), für den (oder das) er betet; persönliche Wünsche sollten also ganz dabei schweigen, weil sie aus der stets blinden Maske (=„persona“) kommen. Nur ein in diesem Geiste ausgesprochener Wunsch (Gebet) kann als ein im Bereiche der weißen Magie liegender gelten.

Nun hat man aber vor allem mit sich selber zu tun; und da gilt es, für sehr eng umrissene Zwecke zu beten; und beten heißt: opfern. Mit der einfachen Bestätigung der göttlichen Ordnung kommt man da nicht aus, wiewohl sie als Auftakt nicht fehlen sollte. Hier setzt der ganz persönliche Wille ein – geheiligt durch seinen heiligen Zweck, aber als solcher doch blind für die Möglichkeiten im Kosmos und – wie jede persönliche Willensregung – schwarzmagisch. Die brutale Willensarbeit gegen die Dämonen in der eignen Seele ist genau so schwarze Magie wie die Willensvergewaltigung anderer Menschen, um sie den eignen – ob guten oder bösen Zwecken fügsam zu machen. Dieses: Menschenbeherrschung wird durch jenes: Selbstbeherrschung bedingt; und beides ist notwendig; kein irdischer Erfolg ist möglich ohne schwarze Magie (vgl. „Wandlung" 1928, Heft 4 u. 5). In der „Wandlung" ist oft davon die Rede, wie der Wille bis zum Zerreißen angespannt werden muss, wie man sein Leben einsetzen muss für jeden Aufstieg, sowohl seelischer wie materieller Art, anderenfalls man stets nur ein Glück auf der Seifenblase erhaschen wird und zu ewiger Unrast und Sorge sich verurteilt.

Angesichts des wärmenden Feuers, aber, das man in sich entzündet fühlt, seit man den Willen zum Opfer geweckt hat und im Ahnen des Lichtes, dem man zustrebt, wird diese unerbittliche Willensarbeit gegen die Dämonen im eigenen Unterbewusstsein zu jenem herrlichen und geweihten Werk, das man täglich im allerheiligsten DOM seiner Seele vollbringt. Für dieses ist das sinnfällige Opfer am sichtbaren Opferstein: Symbol.

Wenn aber etwas von dem für die eigne Seele oder für äußere Belange so heiß Gewollten noch nicht gelingen sollte, so wird man nicht verzweifeln, weil man weiß, die Stunde der Erfüllung ist noch nicht gekommen; noch mehr wachsames Mühen und Opfern tut not, um sie beschleunigt herbeizuführen. Je mehr Wärme und Liebe man für die Anderen, die Nächsten und für sein Volk hat, je stärker man sich von seinem höchsten Ziel angezogen fühlt, umso ernster, aber auch umso leichter und freudiger wird man das hohe Opfer leisten, denn nun fühlt man alle und alles, was man liebt und heil sehen will in sich selbst verkörpert und trägt es mit sich selber aufwärts.

Das ist der Geist im Opferkreise. Wenn jeder in diesem Geiste sein Opfer darbringt, so wird: „Dein Wille geschehe, wie im Himmel so auf Erden"; zwar nicht schon in der ganzen Menschheit; wohl aber im Kreise der Opfernden; und dank der geeinten Wunschkraft wird jedem Einzelnen zukommen, was er mit so starkem Opferwillen anstrebt; denn hier wirkt mehr als Menschenwille! Der Geist der Allmacht göttlicher Ordnung vollzieht die „Wandlung" vom Schein zum Sein (vgl. AR-CHE II). Was die ganze Menschheit ersehnt, das wird – und ist – im Opferkreise erfüllt. Wer dessen Ordnung erfüllt, der sah bereits „die neue Sonne" über der „neuen Erde", ist gefeit gegen alle Gefahren von Erde und Luft, von Wasser und Feuer – und ist geborgen in der AR-CHE.

*

Die tiefgehende Verbitterung gegen alles Kirchliche darf sich nicht auf das Ur-Echte übertragen, was die Kirche aus Urzeit her und zumal aus nordischem Weistum übernahm! Dazu gehören in weitem Umfange ihre Symbole wie das Licht, die brennenden Kerzen, der Altarstein, das Dreieck, das Kreuz usw. Sie sind so hoch erhaben über menschengemachte Dogmen, dass sie von diesen nicht berührt werden können. Auch sind sie durch nichts Anderes zu ersetzen. Selbst wenn jedes Andenken an die christlichen Kirchen und an das Christentum verloschen, auch alle dafür verwerteten Symbole vernichtet wären, würden diese dennoch immer wieder zu Führern werden für jedes mögliche Heiltum; denn sie sind so ur-alt wie ur-neu! Sie stellen das Wahrwirken im Universum dar und werden von jedem, der sich darein vertieft, täglich neu entdeckt.

*

Opfere nie aus kaltem Pflichtgefühl! Ist nicht dein Herz mit Lust und Liebe bei der Sache, so opfre nicht!

*

Einige praktische Weisungen für das Opferwerk.

1. Für den Opferstein wäre als Unterlage geeignet ein kleiner Teppich aus smaragdgrünem Samt oder Seide, goldfarben umsäumt.
2. Unser dreiarmiger Leuchter in der Gestalt der Man-Rune fände beim Opfer eine würdige Verwendung.
3. Die täglich geopferte Münze muss nicht an sich Kurswert haben; es können Oblaten aus beliebigem Material verwendet werden. Dies wäre z. B. in dem Fall zu empfehlen, dass der Opferstein von fremder Hand beraubt werden könnte. Man muss dann solchen Oblaten einen bestimmten Kurswert geben und diesen am Monatsende auslösen.
4. Die gesammelten Opfergaben werden allmonatlich im Brief oder durch Postanweisungen den Heilswalter des Opferkreises eingesandt. Sobald die Opfergaben die Kosten des Heilswerkes (vgl. AR-CHE I u. II) um ein Fünftel überschreiten, wird regelmäßig über Verwendung derselben berichtet.
5. Wir binden uns für das Opfer nicht an eine für alle feste Stunde des Tages, denn jede Stunde ist die rechte, zu der man den rechten Opfergeist spürt. Der Einzelne aber wähle sich eine feste, seine Stunde und halte sie möglichst ein, damit auch in sein äußeres Leben Ordnung komme.

6. Dem Begehren nach „Parolen" bestimmten und wechselnden, den jeweils dringendsten Nöten des Volkes angepasst, entsprechen wir nicht, weil sie, wie erklärt, zu falschen Vorstellungen vom Walten der göttlichen Ordnung Anlass geben.

7. Dem Wunsche nach einer allgemeinen Formel für den geeinten Willen zur Opferstunde aber sei entsprochen, obwohl der Geist einer solchen Formel auch ohne Worte im Opferkreise lebt:

Ich werke für die neue Welt der Ordnung und des Rechts;
geleitet von den Edlen und den Freien
mit reinem Wunsch und lichtem Wollen!
Drum muss mir aller Scheinwert dienstbar sein.
So will ich – und so wünsche Ich – und so soll es geschehen
A. O. M.

*

Mitteilungen

Der Opferstein braucht nicht bezahlt zu worden. Die Kosten für denselben (7.50 RM.) können durch tägliches Sammeln zusammengebracht werden und würden dann als erste Opfergabe gelten.

*

Ausgabe der Schriften, die in Heft II und im Vorlesungsverzeichnis angeführt sind. Die meisten liegen nur einmalig vor; diese können kaum noch ausgeliehen werden, weil oft die Rücksendung versäumt wurde. Dadurch ging manche alte gute Schrift unsern Kreise überhaupt verloren; denn der Heilswalter kann sie nie wieder so schreiben, wie zu der Zeit als er selber mitten in der Lösung des betr. Problems stand; und nur ein solche aus eigner Not geborene Darstellung ist gut geeignet für den Werkfreund, der zur Zeit um die Lösung desselben Problems ringt. Wenn aber der Opfergedanke lebendig bleibt, können die begehrtesten Schriften fortgesetzt vervielfältigt werden. Im übrigen entnimmt der Heilswalter aus der Nennung bestimmter Titel und Themen, was der Werkfreund braucht und kann dessen Wünschen auch durch andere Weisungen gerecht werden.

*

Vorschrift für das Abziehen der Runenbilder: Diese kann man auf einem Kasten, Behälter oder sonstigen Gegenstand von beliebigem Material

14

sauber und ohne Misslingen abziehen, wenn man so verfährt: löse ein Blatt weißer Gelatine in einer Tasse heißen Wassers / schneide um das Runenbild herum das überflüssige Papier weg / befeuchte mit Wattebausch oder Pinsel die Schichtseite des Bildes gut mit der warmen Gelatinelösung / lege die befeuchtete Seite auf die betr. Fläche / richte nach den blauen Richt-Kreuzen auf der Rückseite genau aus / drücke das Bild mit trocknem Finger gleichmäßig, sorgfältig und fest auf und lasse es so mindestens 5 Sekunden liegen. Alsdann durchfeuchte die Rückseite ohne starken Druck mit reinem Wasser bis das Bild in allen Teilen gleichmäßig durchscheint, und ziehe die Oberschicht langsam ab.

*

ANNACH: Wer eine Erwerbsstellung sucht oder zu vergeben hat, erbitte 427: „Die Richtordnung des ANNACH".

*

Der **Bund für Deutsche Schrift,** welchem AR-CHE I zu Gesicht kam, wendet sich pflichtgemäß gegen die Äußerung auf S. 2 daselbst; er erhielt folgende Antwort:
Die Schrift AR-CHE wird als Handschrift für einen bestimmten Kreis gedruckt, sodass auch nur dieser sich dazu äußern könnte. Trotzdem sie nicht nur für Sie bestimmt war, gebe ich Antwort auf dir Äußerung Ihrer Enttäuschung. Für deutsche Handschrift setze ich mich seit etwa 30 Jahren ein, nicht aber für die „gebrochene" (= „Fraktur"-) Schrift im Druck. Die Schriften Ihres Bundes sind mir gut bekannt; ich habe sie stets mit Anteilnahme gelesen und denke nicht daran, dagegen zu kämpfen, wiewohl ich aufgrund von der Wissenschaftlichen Forschung entgangenen Quellen eine Kurzsichtigkeit der Bewegung dartun könnte; da solche aber für jede Werbung nötig ist und ich den Anhängern der Bewegung nicht die Freude an ihrem Bekennermut und das Bewusstsein, dadurch bessere Deutsche zu sein, drüben will, so schweigt ich darüber. Hätte der Wille zur deutschen Tat mit dem Willen zum deutschen Bekenntnis Schritt gehalten, so stünde es schon besser um unser Volk. Was unter deutscher Tat zu verstehen ist, wird nur erst selten verstanden, denn die steht hoch über allem Bekennen.
Wenn Sie folgern müssen: weil jemand seine Arbeiten in Antiqua (nebenbei: es sind die siderischen Runen) drucken lässt, ist er international eingestellt und undeutsch, so tun Sie das getrost auch in Bezug auf mich, sofern Sie es verantworten können, und das wird Ihnen leicht werden, da Ihnen mein Wesen und Wirken, wenn nicht unbekannt, so doch unverständlich ist, andernfalls Sie mich nicht mit dem Geist des Berliner

Tageblattes in Verbindung gebracht hätten.

Noch einmal: ich bin Ihrer Bewegung freundlich gesinnt, unterstelle mich aber nicht den weniger Erfahrenen, die mangels einer wirklichen deutschen Religion ein Dogma zur Religion erhoben haben. Gleichwohl achte ich dieses Dogma und schweige. – Unser Briefwechsel ist hiermit beendet.

Mit guten Wünschen für Ihren Bund
ges.: Dr. Paul Köthner
Berlin-Wilmersdorf. Kaiserplatz 7.

AR-CHE
Sonderblatt

Ausführung des Opfergedankens
Im Anschluss an Heft II der AR-CHE

1. Wer ist Heilswalter? – Heilswalter ist mir der, welcher mich auf dem Wege zur Meisterung meines Lebens und Schicksals und bei der Entfaltung meiner schlummernden Kräfte zur Zeit am wirksamsten fördert; ihm vertraue ich deshalb meine Opfergabe an.

2. Welche „100" liegt der Berechnung der „5" für das Heilsopfer zugrunde? – Von seinen Einkünften zieht man ab, was bei der Steuer-Erklärung abgezogen werden darf, außerdem sämtliche Steuern an den Staat. Was übrig bleibt, ist das „100", von Fünf (gleich ein Zwanzigstel) für das Heilswerk als Opfer bestimmt ist.

3. Die Frau, welche in gesunder Ehe lebt, bedarf keiner Hilfe durch einen fremden Heilswalter; für sie kommt ein Münzopfer im Allgemeinen nicht in Betracht.

4. Die Verwendung der „5" vom „100" – Sie dienen zuerst dazu, die baren Zahlungen für alles das zu leisten, was man für die Erfüllung seines Heilszieles aufwendet, so für Bücher, Zeitschriften, Mitgliedschaften usw. zu eben diesem Zweck. Das danach Verbleibende kommt dann dem Heilswalter zu. Weise Verwendung der „5" für das Heil muss ernst genommen werden, damit man nicht auf das Notwendigste verzichten muss, weil man für allerlei weniger Nötiges, im Einzelnen zwar kleine, im Ganzen aber doch merkliche Beträge verausgabt. Wer sich´s leisten kann, mag auch die ihm persönlich wenig oder nichts mehr bietenden idealen Unternehmungen unterstützen; wer aber z. B. die Anzeige eines Buches, welches grade das ihm zur Zeit Nötigste enthält, seufzend aus der Hand legen muss, oder wer einem Bunde, von dem er beste Förderung erwartet, sich nicht anschließen kann, weil ihm für beides das Geld fehlt, der entlaste sich von allem weniger Nötigen, schaffe mitleidlos Ordnung in seine Ausgaben dieser Art und erfülle sich mit dem Opfergedanken; dann wird er stets genug haben, um sich jeden notwendigen Wunsch erfüllen zu können;

denn wo die Kraft des Geldes aufhört, da fängt die Kraft des Opfers an (vgl. II).

5. Zuwendung der Opfergaben: zur Entscheidung! – In Heft II wurde ausgeführt, dass jeder, der die 5 von seinem 100 regelmäßig opfert, und solange opfert, bis er sein eigner Heiler geworden ist und eines Walters für sein Heil entraten kann, auf alles Anspruch hat, was er begehrt und braucht, unabhängig davon, welchen Geldbetrag seine 5 vom 100 ausmachen. Dieser Anspruch wird sich ohne Einschränkung nur erfüllen lassen, wenn die Opfergaben des ganzen Kreises ohne Abzug dem Heilswalter zugewendet werden. In diesem Punkte muss aber Freiheit der Entscheidung herrschen. Es gibt zwei Möglichkeiten der Zuwendung des Opfers. Entweder: man behält von seinem Opferbetrag soviel zurück, wie man durchschnittlich für Bücher, Zeitschriften und Bünde den betr. Leitern, Verlagen und Buchhandlungen bezahlen muss, und wendet dem Heilswalter nur den verbleibenden Rest zu. Oder: man macht gar keine Abzüge, überlässt dem Heilswalter die 5 vom 100 restlos, überlässt ihm aber damit zugleich auch die Befriedigung sämtlicher das eigene Heil angehenden Wünsche. In dem Falle äußert man ihm jeden dieser Wünsche bzgl. Bücher, Zeitschriften und Mitgliedschaften, teilt ihm bereits laufende Dauerbezüge und Mitgliedschaften mit und überlässt fortan sowohl die Beschaffung und Zustellung wie auch die Anmeldung und Befürwortung etwa gewünschter Mitgliedschaften und alle Sorge um Bezahlung der Rechnungen und Beträge dem Heilswalter bzw. dessen Helfer. – Wer das will, der würde sich nie zu sorgen haben, ob das Geld für das, was er begehrt, auch reicht; er würde niemals Schulden haben und stets bereits quittierte Rechnungen erhalten. Eine Gegenrechnung seiner Opfergaben erfolgt natürlich nicht; denn wie gering diese auch sein mögen, wie viel andrerseits er erhalten haben mag: die Rechnung stimmt immer, denn seine Gaben sind ja nicht „Geld", sondern „Opfer"! Symbol des echten, mit dem Herzen dargebrachten Opfers (Heft II, S. 7). Dieser Zustand, Erfüllung aller diesbezüglicher Wünsche erwarten zu dürfen, ohne rechnen zu müssen, wirkt erlösend; er ist, wenn verwirklicht, ein Grundstein für den DOM in der „neuen Welt der Ordnung und des Rechts", die wir heraufführen wollen. Wo der alt-arische Opfergedanke: „Einer für Alle und Alle für Einen" mit der von uns betätigten inneren Ordnung gepflegt wird, da hat der Mammon seine Macht verloren.

Diese Art der Zuwendung der Opfergaben ist für das ganze deutsche Heilswerk förderlich und macht es gesund. Alles, was wertvoll dafür ist, kann auf diese Art erhalten werden und braucht nicht wegen Geldnot zu verkümmern. Die guten Zeitschriften erhalten Bezieher, welche dankbar nützen, was ihnen geboten wird; die guten Bücher finden Verbreitung und kommen stets in die rechten Hände; den guten Bünden werden die bestvorbereiteten Mitglieder zugeführt. All diese Unternehmungen werden Vorteile haben; denn der Heilswalter muss diese guten Dinge lückenlos erwerben und bereithalten für die, welche sie brauchen. Dieses schöne Werk wird gut gelingen, wenn dem Heilswalter die Opfergaben ohne wesentlichen Abzug zukommen; andrenfalls ist es schwer, den nötigen Ausgleich zu schaffen. Aber es muss, wie gesagt, hier jeder frei entscheiden können; auch die bisherige Art der teilweisen Zuwendung der 5 vom 100 hat gezeigt, dass auch so allerhand zu leisten ist; vielleicht sprechen auch hie und da praktische Bedenken oder persönliche Rücksichten gegen die zweite Art. Jedenfalls wird nun jeder um seine Entscheidung gebeten! Besonders sei dabei der gute Rat beachtet, der unter 4. für die weise Verwendung des Opfers gegeben wurde.

Was schließlich den Heilswalter betrifft, dem die Opfergaben zukommen müssen, so ist unter 1. gesagt. Wer einem z. Zt. als Heilswalter zu gelten hat; „zur Zeit", denn es ist unwahrscheinlich, dass man, bis man sein eigner Heiler geworden ist, immer denselben Heilswalter habe. In der Hochschule des Lebens ist es ähnlich wie in der Jugendschule: in der Regel lehrt in jeder höheren Klasse ein anderer Hauptlehrer. Man sollte während der Zeit, wo man ausschließlich von einem der Heilswalter lernen und in dessen Werke und Wesen eindringen will, diesem den verfügbaren Teil seines Opfers zuwenden, mit ihm persönlich Fühlung nehmen und von ihm unmittelbar lernen, was er unserer Eigenart individuell zu geben hat. Damit dient man der Ordnung! (Heft I, S. 5.)

6. Vom täglichen Opfer. – Das hier Gesagte ist eine Ergänzung zu der grundsätzlich wichtigen Ausführung auf S. 4 in Heft II. – Die gute Gewohnheit des täglichen (rituellen) Gebets ist abhanden gekommen, weil sie derart verflachte, dass sie einer Beleidigung des göttlichen Wesens gleichkam. Aber was bezweckt denn eigentlich das Gebet? Ein jeder Mensch braucht jeden Tag für eine kurze Weile die Einkehr und Heimkehr zum Quell seiner Kraft; sonst lebt er „vom Kapital" und wird allmählich krank im Denken und Fühlen, im Wollen und Tun, in den vier Elementen, krank an der Seele, krank auch an Nerven und Leib. Der heutige Mensch sucht zur Erholung (?) nur Zerstreuung der Kräfte, aber nicht Sammlung und Wiederaufladung der Kräfte. Dass dies missachtet wird, ist **der Grund**

für den tausendfachen Jammer der Menschheit. Wie man sie bewirkt, ist gleich. Mit religiösen Dogmen hat sie nichts zu tun; sogar der Begriff „Gott" wäre entbehrbar. Es handelt sich um ein vollkommenes Ausschalten aller Einflüsse vom Alltag und von Alltagsmenschen, auch der eigenen Alltagsgedanken; das ist ein „Ausatmen" alles dessen, was belastet. Dadurch entsteht jene heilbringende Leere, in welche aus dem Urquell aller Kraft neue Kraft zuströmt, die alles Verbrauchte ergänzt. Das lohnt sich durch neuen Mut, Vertrauen zu sich und zum Vollbringen, durch stillen Frohsinn und Freude. Dieser erwünschte Zustand kann natürlich nicht durch Hersagen eines Gebetes erreicht werden; es bedarf auch einer gewissen Zeit, bis er erreicht ist; und Worte, auch gedachte, sind nicht das Wesentliche für das Öffnen der Seele dem Urkraftstrom, Gebet ist Opfer und wie sich die Opferhandlung vollzieht, ist in Heft II, S. 7 beschrieben; es sind weniger Worte und Gedanken, welche dafür taugen, als vielmehr Vorstellungen. Und das Einströmen der neuen Kraft vollzieht sich nur im Zustand heiligen Schweigens.

Wenn wir uns die Weisung des täglichen Opfers nicht verdächtigen lassen, so nur deshalb nicht, weil durch dieses die gute Gewohnheit des täglichen Gebetes einen neuen Sinn und heilkräftiges Leben wiedergewinnt. „Die heilige Stunde" ist es, für die wir uns einsetzen, deren rechte Nutzung wurde bereits in „Hilfen der Lichtgeister" genau beschrieben. Das Opfer ist eine symbolische Hilfe für das Gebet. Wir wünschen, dass beides vereint zur guten Gewohnheit werde; sie wird sich dann mit den kraftspendenden Gedanken einer neuen Religion erfüllen, die wir aus den Tiefen der hermetischen Ur-Religion neu schaffen durch unsere Opfertat. Ohne diese Tat bleiben alle Bemühungen um eine neue Religion, deren Notwendigkeit jeder erkennt, theoretisch und treffen den lebendigen Kern nicht. Wer aber will, dass ihn die ARCHE hinüberrette über die Sintflut, in der die alte Welt versinkt, der muss ein Kern-Denker und -Täter sein, muss schweigen und tun, was er erkannte.

Ob man täglich oder wöchentlich oder monatlich sein Scherflein in den Opferstein legt (dieser kommt übrigens jedem, der im Opferkreis ist, auch ohne Bezahlung zu; vgl. Mitteilungen in Heft III), darauf soll es nicht ankommen, wohl aber auf die ganz abhanden gekommene Treue zu dem Höchsten in uns; diesbezüglich muss man das auf S. 4 in Heft II Gesagte recht würdigen. Jedenfalls muss diese Treue täglich bestätigt werden – in der „heiligen Stunde."

7. Von Almosen und Spenden. – Manchem will die alte Opferordnung nicht

in den Sinn; er will sich nicht binden an den „Zehnten"; er will nur dann opfern (?), wenn er ein besonderes Bedürfnis dazu empfindet und will nicht erst nachrechnen, ob die Höhe des Opfers (?) seinem „Zehnten" (bzw. Fünften) entspricht. Das ist eine vollkommen richtige Empfindung, nur hat sie mit dem Opfergedanken überhaupt nichts zu tun; solche Gaben sind nicht Opfer, sondern Spenden! Zu diesen fühlt man sich gedrängt, wenn man sich durch irgendetwas – mag es ein Zufallsgewinn u. dgl. oder ein innerer Kraftgewinn sein – bereichert fühlt, oder auch, wenn man mit besonders freundlichen Gedanken an den Menschen oder die Sache denkt, dem oder der man die Spende dann zuwendet; sie gilt also einer Person oder Sache. Eine andere Art von Nicht-Opfer sind Almosen. Almosen sind Gaben der Barmherzigkeit, des persönlichen Mitleids; und nur für diese gilt die Weisung: „Lass deine linke Hand nicht wissen, was die rechte tut", also: rechne nicht nach. Almosen wie Spenden stehen sogar im Gegensatz zum Opfer, insofern jene beiden für andere oder anderes gegeben werden, dieses aber für sich selbst; es kommt nie einer Person zu, sondern allen Personen des Opferkreises, und zu diesen gehört man selber. Man steht nicht als ein Schenkender über diesem Kreis, sondern ist in diesen mit eingeschlossen; somit kann auch beim Opfer nie das Gefühl des teils gnädigen, teils hochmütig-beleidigenden Spenders auftauchen, der sich seine Tat hoch anrechnet; denn mit dem Opfer hilft er sich und allen im Kreise seiner Artverwandten. Opfer entspringen mithin einem egoistischen Triebe höherer Art, Almosen und Spenden dem altruistischen Triebe der Masse. Die Begriffe „Spenden" und „Almosen" liegen also außerhalb des Opferbegriffs, sind in dem „Zehnten" nicht einbegriffen, erneuern und stärken daher nicht die Innenkraft und bringen uns keinen Schritt vorwärts auf dem Wege zu Heil und Erlösung, wie es jedes rechte Opfer tut. Wäre es der Fall, so müssten alle mitleidvollen Almosenspender glückliche, erlöste Menschen sein; aber sie ernten meist nur Undank und verbittern allmählich. Almosen-Empfänger aber gibt es im Kreise der Opfernden überhaupt nicht; denn was immer sie empfangen: es steht ihnen zu!
Wer das Opfer gemäß der alten Ordnung bringt, der bekennt sich damit zu dem Notbund für Schutz und Trutz aller, die von seiner Art sind und erkennt ganz selbstverständlich-triebhaft seine Pflicht, diese Art und mit ihr sich selber vor dem Untergang zu bewahren. Wer aber Almosen mit Opfer verwechselt, der entzieht sich dieser Pflicht und lässt sich und seine Art im Stich und hat, wenn er dies mit vollem Bewusstsein tut, die Treue zu seiner Art bereits eingebüßt. Aber der leitende Grundsatz: „Einer für Alle und Alle

für Einen" scheint vielen in der Durchführung etwas derart Neues zu sein, dass man erst abwarten muss, ob er verstanden wird.

8. Vom Berufswerkopfer. – (Fortführung des Gedankens in Heft II, S. 12). Wie das Heilswerkopfer den schweigend wirkenden Schutz- und Trutzbund zu Leben und Macht bringt, welcher die geistigen Ursachen zum Sturz des Mammongeistes schafft, so soll das Berufswerkopfer einen offenen Schutz- und Trutzbund begründen, der Macht hat, die Herrschaft des Mammon im Berufsleben zu brechen; er wird die Wirkungen jener in Geist und Gedanken geschaffenen Ursachen im äußeren Leben zur Geltung bringen. Hier wie dort handelt es sich nicht um ein (längst als zwecklos erkanntes) Bekämpfen des übermächtigen mammonistischen Systems, sondern um ein Überflüssigmachen desselben. Die scheinbaren Vorteile, die es Gedanken- oder Gewissenlosen angeblich bringt, müssen reizlos werden dadurch, dass das neue „System" wirkliche Vorteile von bleibendem Wert bringt. Was in diesem Sinne nottut, kann unter dem Begriff Innungen belebt werden. Innungen sind in sich geschlossene, nach altbewährten Regeln straff organisierte Berufsverbände, welche zunächst streng wachen über das Erwerben einer gewissen Durchschnitts-Tüchtigkeit jedes Mitgliedes, sowohl in Bezug auf sein berufliches Können wie auf sein Können als Sittenwesen; dann aber wahren, schützen und ertrotzen sie gegen mammonistisch-raubtierhafte Anfeindungen die Belange des ganzen Berufsstandes in unbedingter, notfalls erzwungener Einmütigkeit als eine große, geschlossene Macht nach außen. Dazu ist zuerst nötig, dass solche Innung von Männern geleitet werde, welche bereits in unsrem Geiste denken und leben. Derer gibt es immerhin genug. Damit sie aber eine wirkliche Macht werden kann, sind in dieser mammonistischen Zeit sehr erhebliche Geldmittel nötig. Es ist nun ein Irrtum, zu glauben, dass dieses nicht aufzubringen sei; es ist da, wird nur verzettelt an viele nicht erst-wichtige Dinge. Wie in Angelegenheiten des Eigenen und des Volkes innerer Gesundung sich z. B. manche Ausgabe erübrigt, so auch in beruflichen Angelegenheiten; es wird auch manche berufliche Spende gewohnheitsmäßig gegeben, obwohl man weiß, dass sie dem gewünschten Zweck ganz unzureichend dient. Man rechne sich auch einmal zusammen, was z. B. der Großstädter im Jahr nebenher u. a. für illustrierte Blätter und Zeitungen ausgibt, die er auf der Straße oft nur aus flüchtiger Neugier oder unter dem Banne einer Suggestion zusammenkauft. Es ist eine Summe, für die er immerhin schon z. B. eine gute Fachzeitschrift halten, die aber in unsrem Sinne als ein Teil des Berufswerkopfers dienen könnte für den

Berufsbund (Innung) und eine ganz bedeutende Höhe erreicht, wenn all die tausende von Mitgliedern ein wenig wachen über all ihre kleinen gedankenlosen und meist gar nicht lohnenden Ausgaben. Man wird ganz gewiss nicht ärmer durch das Opfer, wenn man sich ein unbedingtes Nein angewöhnt gegen Anreizungen, Anpreisungen, Werbungen für Dinge, die nur einen Augenblicksreiz haben. Vor allem lerne man zu allem Nein zu sagen, zu dem die Masse Ja sagt, damit man endlich einmal Herr werde über die verheerenden und ausplündernden Massensuggestionen.

Der neue Geist des Innungsgedankens wurde bereits in Heft IV: „Deiner Hände Werk" belebt, und der Gedanke selber wird uns noch öfter beschäftigen; hier kommt es nur auf die Vorbereitungen zu dessen Durchführung an. So möge denn jeder versuchen, seine Berufsgenossen für den Opfergedanken zu erwärmen, indem er ihnen die Notwendigkeit eines machtvoll organisierten Selbstschutzes im ausgeführten Sinne klarmacht und ihnen vorrechnet, was alles ein Berufsbund, der alle zu demselben Beruf Gehörenden in ganz Deutschland umschließt, zu leisten vermag, wenn jeder Einzelne 5 vom 100 seines Einkommens: „Einer für Alle und Alle für Einen" opfert; wie wirksam dann die Berufsbelange vertreten werden können und wie leicht es dann sei, auch durch Geldmittel dem tüchtigen Mann über einen toten Punkt hinwegzuhelfen, ohne dass er sich Halsabschneidern ausliefern müsste. Es wäre klug, die Berufsgenossen anzuregen, schon jetzt mit ihrem Berufswerkopfer zu beginnen. Sämtliche Opfergelder wären einstweilen an irgendeiner ganz sicheren Stelle auf Zinsen anzulegen, und zwar mit der Bedingung, dass erst nach einer bestimmten Zeit, etwa nach einem Jahre, darüber verfügt werden darf. Während dem wird die Organisierung der Innung vorbereitet; vor allem werden in ganz Deutschland die vertrauenswürdigsten Oberleiter des betr, Berufsstandes zu suchen sein, welche durch ihre menschlichen Werte u. a. dafür bürgen, dass in der Verwaltung dieser Innung nicht wieder nach sozial-mammonistischem Muster ein überflüssig großes und faules Beamtenheer ungebührlich hohe Besoldungssummen dem Gemeinwohl des Berufsstandes wegfrisst. Was sonst noch dafür zu sorgen wäre, soll gelegentlich gesagt werden. Dies sei nur eine vorläufige Anregung zum Berufswerkopfer.

Mitteilungen
(wiederholt und ergänzt)

Die Weisungen der AR-CHE kommen dem Opferkreis kostenlos zu; Außenstehende zahlen den für jedes Heft festgesetzten Preis.

Bleibende Werte: – Es werden (und sind z. T. schon) alte, gute nicht mehr erscheinende Zeitschriften angekauft, wie „Das Leben" von Dr. Heinrich Lhotzky, „Neue metaphysische Rundschau" von Paul Zillmann usw.; auch ältere Jahrgänge noch erscheinender Zeitschriften, z. B. „Die Lebensschule", „Femstern", „Arische Freiheit" und manche andere, damit nie veraltende Werke deutschen Geistes wieder neue Früchte tragen können. Diese werden heftweise kostenlos monatlich den Werkfreunden mitgeschickt, jedem das für ihn passende; besonders teure Hefte leihweise.

Bund „Deutsche Not-Wehr" mit seiner gleichnamigen Wochenschrift arbeitet uns sehr erwünscht in die Hände, wirkt z. B. ganz im Sinne der Weisung: „Deiner Hände Werk" Heft IV, vertritt mithin keine einseitigen Partei- oder Standes-Interessen. Er bringt in alle völkischen Angelegenheiten Klarheit und Ordnung, bietet die unerlässliche Nutzanwendung für unsere Tatweisungen und hält über das Wissenswerte auf dem Laufenden. Seine Wochenschrift gehört deshalb zu den Dingen, für welche z. Zt. ein Teil der „5" vom „100" zu verwenden wären. Wer im Opferkreis ist, möge direkt bei der Geschäftsstelle Königsberg i. Pr., Hinter Tragheim 11 bestellen und für das Vierteljahr 2.50 RM. auf das Postschechkonto des Bundes: Bank der Ostpreußischen Landschaft Königsberg i. Pr. Nr. 650, einzahlen. Dieser Betrag von monatlich rund 90 Pf. wäre von der Opfergabe abzuziehen, die jeder seinem Heilswalter für den Monat einsendet. (S. aber oben Pkt. 5.)

Verkehrsangelegenheiten: Persönliche Briefe werden im letzten Drittel des Monats beantwortet. Die Antwort wird erleichtert, wenn der Frager jede seiner Fragen – knapp ausgedrückt – auf einem besonderen Blatt einsendet.

Empfang von Sendungen wird u. a. auch auf Drucksachen bestätigt durch ein eingeklammertes (x), erwartete Sendungen durch ein ausgeklammertes)x(, auf dem Umschlag. Empfang der Opfergabe wird bestätigt durch Aufdruck eines roten Würfels, in den die Zahl eingeschrieben ist.

Rundsendungen: Schriftsätze, die nur in einem oder in wenigen Stücken vorhanden sind, werden u. U. in 4-5 freigemachten, ineinander gesteckten offenen Umschlägen mit ebenso viel verschiedenen Anschriften zugesandt, in der Erwartung der Weiterbeförderung ohne Verzug.

Zur Arbeitsordnung: Es wird empfohlen, eine Liste anzulegen

A. der bereits bearbeiteten Druckwerke,

B. der a) früher b) jetzt gehaltenen Zeitschriften,

C. der unmittelbar vom Heilswalter erhaltenen vertraulichen Weisungen a) zu eigen, b) leihweise.

Die Ausführungen dieses Sonderblattes ruhen auf einer erprobten Grundlage für das Heilwerk. Mögen sie jedem Heilswalter zur Anregung dienen!

Der Brückner

Berlin- Wilmersdorf , Kaiserplatz 7.

(Abdruck eines Briefes zur Einführung in das Werk der AR-CHE.)

Mai 1928.

*

Abdruck eines Briefes zur Einführung in das Werk der AR-CHE:

Maien-Gruß den Werkfreunden!

Noch immer fehlen unserm Volke die Führer, welche dem Erzfeind gewachsen und überlegen sind. Warum? Das sagt das Maiheft der „Wandlung". Das verzweifelte Ringen der Deutschvölkischen während fast zehn Jahren spricht eine ernste Sprache. Die alten Kampfmittel versagen so offenbar, dass selbst deren beste Meisterer das spüren. Wenn z. B. eine Zeitschrift wie die „Reichs-Sturmfahne" wegen Abbröckelns der Bezieher kürzlich eingehen musste, so ist das nicht mit der allgemeinen Notlage erklärt; denn dass einer die paar Mark im Jahr für eine Zeitschrift, die ihm etwas bietet, nicht aufbringen könne, das glaubt kein Mensch. Es geht tatsächlich – trotz so vielen edlen Willens – alles unaufhaltsam abwärts, wie die „Weiße Fahne" bereits im Artikel „Weingeist statt Neugeist" nachgewiesen hat. Das Vertrauen zur bisherigen Kampfweise wankt! Das ist der Grund! Beim Suchen nach einer besseren hängt man sich aber wieder an geschaffene Götter, die auch nicht mehr vermögen als man selber, oder man gerät auf okkulte Abwege. Der Gott, mit dem allein der Bund zu schließen wäre, weil nur Er die höchste Siegmacht über alle Not des Volkes und des Einzelnen verleiht – dieser Gott ist den weitaus Meisten noch immer ein „unbekannter Gott". Wir aber, die ihn kennen, müssen

25

sorgen, dass er denen, die ihn zu erkennen vermöchten, bekannt werde. Der Weg dahin führt, wie wir wissen, durch die METANOIA = die Wandlung: durch ein so gründliches Umdenken, dass mit der „Einstellung auf die neuen Verhältnisse" noch nicht einmal der Anfang dafür gemacht wäre. Unsere Siebenjahrschrift: „Die Wandlung" ist heute (im 4. Jahr) schon zu weit gediehen, um sie einem, der anfängt, in die Hand geben zu können; und selbst das 1. Jahr setzt viel voraus. Mit Druckschriften, wenn auch vertraulichen, kann überhaupt nur eine Anregung geschaffen werden. Das Wichtigste ist danach der individuelle Verkehr von Mensch zu Mensch. Diesen derart zu organisieren, dass er u. U. auch Hunderte umfassen könnte, ohne dass einer zu kurz käme, das ist der neue Plan, für den ich unsere Werkfreunde um Mithilfe bitte.

Der Sinn ist eine ordnungsgemäße Schulung, Stufe für Stufe, für beide Geschlechter. Ein Ziel wäre: „Ferien vom Ich" (in unsrem Sinne verstanden!): ein Mal im Jahr in einem eignen Heim; umgeben von Schönheit der Natur und Natürlichkeit; gemeinsam verlebt in gegenseitig förderndem Verkehr; unter einer verständnisvollen Leitung. Als Vorbereitung und Anregung (vielleicht auch zur materiellen Sicherung) soll dienen: die AR-CHE, von der ich die ersten zwei Hefte hier überreiche. Das 1. Heft sollte denen in die Hand gegeben werden, die unter der Fruchtlosigkeit ihrer bisherigen Kampfweise gegen den Erzfeind wie gegen ihr eigenes Schicksal bereits schwer genug gelitten haben, um den Ernst für die Erlernung der besseren aufbringen zu können. Das sind zwar ganz gewiss nur Wenige; aber diese Wenigen sind unter den Vielen; darum müssen sehr viele von unsrem DOM-Werk Kunde erhalten. Manche werden es falsch auffassen und das alte Nörgeln fortsetzen. Das aber darf uns nicht irre machen; denn mit diesen machen wir ja nicht ernst, weil sie mit sich selber nicht ernst machen. Keiner aber, der mit sich ernst machen könnte, soll einmal sagen können, er habe nichts davon gewusst. Denn es gilt, berufene, sieghafte Führer für die Zukunft heranreifen zu lassen; vielleicht sind diese grade unter den Verbitterten, die an nichts mehr glauben. Denen kann geholfen werden! Einem solchen gebe der Werkfreund das 1. Heft der AR-CHE in die Hand und weise ihn vorerst an mich. Wenn er sich etwas eingelebt hat, übergebe ich ihn zur weiteren Pflege demjenigen Heilswalter, zu dem er sich am stärksten hingezogen fühlt.

Mit Gruß und Heil! Dr. phil. Paul Köthner

AR-CHE
Tatkunst für die Wagenden

Als Handschrift gedruckt für den Opferkreis der Deutschen Hagal-Gesellschaft – Copyright by Brückner-Verlag – Berlin.

IV

Deiner Hände Werk!

Der Mensch von heute hat eine völlig andere Einstellung zur Arbeit und zum Werkberuf als der Mensch vor anderthalb Jahrhunderten. Sein Denken, sein Sinnen und Trachten hat eine andere Richtung genommen, und damit hat der ganze Mensch eine andere geistige Aura bekommen. Den Anlass zu dieser Wandlung gab der gewaltige Aufschwung der Experimentalwissenschaft, welche ihrerseits die Technik in kaum erträumbarer Weise befruchtete. Dadurch ist der Menschheit eine Welt erschlossen, die nur noch technische Ideale und technische Wunder zu haben scheint, eine Welt, in der die großen Erfinder wie Erlöser der Menschheit gefeiert werden, in der alle nur ein Streben zu beherrschen scheint: möglichst bald selber aller Vorteile, Bequemlichkeiten und Genüsse der technischen Errungenschaften teilhaftig zu werden. Und weil dazu Geld und meist sehr viel Geld gehört, so ist das Streben aller letzten Endes darauf gerichtet, recht viel Geld zu verdienen. Und dazu reizt ständig das Auftauchen neuer, verlockender technischer Findungen. Dass jemand mit einem bescheidenen, aber für seinen Unterhalt ausreichenden Einkommen zufrieden wäre, das gibt es kaum noch. Darüber hinaus ist noch eine Gier in den Menschen, auch all jene schönen Dinge anschaffen oder genießen zu können, die stetig neu von der Technik geboten werden. So werden immer neue Bedürfnisse geschaffen; und um sie zu befriedigen, braucht man immer mehr Geld, und alle Kräfte werden lediglich dafür eingesetzt. Diese Denkweise ist so allgemein geworden, dass man ausgelacht wird, wenn man eine andere äußert. Möglichst viel Geld zu verdienen, das ist in der Tat das Ideal des Menschen von heute; ein höheres hat er nicht, weil er das, was er unter künstlerischen, wissenschaftlichen und höheren geistigen Idealen versteht, nur eben wieder mit Geld erfüllen zu können meint.

Das ist es, was man heutzutage „Kultur" nennt. Es ist eine durch und durch mammonistische Kultur, eine Hadeskultur; sie führt durch Habgier hinab in die Höllen und zu allen Schlechtigkeiten. Die wilde Jagd nach dem Glück, das stets die Menschen narrt, wenn sie es außer sich, im Materiellen suchen, zehrt Nerven- und Lebenskraft auf. Das Ende ist unheilbares Siechtum, Verblödung, Verzweiflung; oder die Menschen fallen den teuflischen Betäubungsgiften des Ostens anheim, verrotten, verkommen in Wahnsinn, üben Selbstmord. Das Bild ist nicht zu schwarz gemalt; es zeigt, wie es wirklich um die Menschheit steht. Täglich nimmt die Zahl derer zu, die auf eine der genannten Arten ausschalten aus dem Kreise der Gottgeführten. Man mag viel zum Lobe unseres Zeitalters der Technik sagen, eines aber wird man nicht sagen dürfen, nämlich: dass es die Menschen glücklicher und friedvoller an Leib und Seele gesunder gemacht habe. Grade das Gegenteil ist geschehen; verdüstert und freudlos sind sie geworden; dazu neiddurchtränkt und schlecht. Denn, wenn es das Geld ist, nach dem alle gieren und das, was mit Geld zu haben ist, so müssen, wenn natürliche Anlagen und äußere Umstände dem Erwerb von Reichtümern ungünstig sind, alle bösen Instinkte erwachen.

Das ist die grauenvolle Kehrseite unseres hochgepriesenen Zeitalters der Technik. Wahrlich: die Menschheit wäre glücklicher, wenn in den letzten 100 Jahren gar nichts erfunden wäre. Diese Kultur der Technik hat nur die Zahl der hungrigen Augen und die in Gier und Lüsternheit sich verzehrenden Seelen erhöht. Aber wir verwerfen diese Kultur der Technik nicht; wir wollen sie nur nicht als wirkliche Kultur gelten lassen; denn deren Wesen muss doch etwas Gesundes und Heilvolles sein! Es wird die Aufgabe der kommenden Zeit sein, jene in den Dienst dieser echten Kultur zu stellen. Und allen, welche die Not erkennen und noch die Kraft fühlen, sie wenden zu können, fällt die Aufgabe zu, sie schon jetzt zu erfüllen in ihren Kreisen – jeder in dem seinen, mag dieser auch noch so klein sein. Denn die Gesundung unsres Volkes, die Befreiung aus den Fangarmen des Mammon kommt nicht durch Waffengewalt, nicht durch Umsturz der Regierung, nicht durch Parlamente und Harlekinaden des Völkerbundes und Werben für Menschenverbrüderung, nicht durch Regierungserlasse und Verfügungen von oben her, sondern durch zweckbewusstes und redliches Wirken des Einzelnen – still und anspruchslos – zuerst in sich und für sich und für sein Heil, und dann im Kreise der Menschen, mit denen und für die er lebt. Denn es ist ein wahres Wort: „Jedes Volk hat die Regierung, die es verdient." Also kennzeichnet die jeweilige Regierung den jeweiligen Zustand des Volkes. Damit ist nicht gesagt, dass das ganze Volk oder auch nur die überwiegende Mehrzahl mit der jeweiligen Regierung einverstanden sein müsse. Es kann sogar vorkommen, dass nur eine Minderheit mit ihr geht, während das ganze übrige Volk sich voller Empörung dagegen zu wehren versucht. Ausschlaggebend aber ist, ob die Kräfte für eine wirksame Gegenwehr ausreichen. Wenn das nicht der Fall ist, so ist eben die größere Kraft bei der kleineren Zahl. Jenes Sprichwort meint also das Kräfteverhältnis. Auf die große Zahl kommt es nicht an. Wenige mit großer Kraft leisten mehr als viele mit geringer Kraft. So kann eines einzigen Menschen ethische und geistige Kraft die Kraft von 1000 Menschen aufwiegen. Diese Folgerung ist für uns von großer Bedeutung; denn sie macht die oft gehörten hoffnungslosen Klagen verstummen: „Was kann der Einzelne erreichen gegen eine solche Verworrenheit der Massen! Was hilft der beste Wille gegen solches Volk und gegen solche Regierung, bevor da nicht ein anderer Geist hineinkommt, wird nichts besser." Und dann kommt gewöhnlich der Schrei nach dem „einen Mann", der mit eiserner Hand mit einem Schlage Ordnung schaffen soll. Aber nicht bedacht wird dabei, dass der „eine Mann" zwar einen Umsturz bewirken kann, nicht aber „mit einem Schlage" jenes Kräfteverhältnis im Volke ändern kann. Die Folgen eines gewaltsamen Eingriffs vermag er weder vorauszusehen noch zu tragen, wenn er nicht eine Schar von starken Helfern neben sich fühlt. Es muss aber deren innere Kraft, Reife und Reinheit, zusammen mit der seinen, mächtiger sein als die Gesamt-Kraft des ganzen übrigen Volkes. Also kommt es wirklich nur auf die Wenigen mit großer Kraft an. Und dartun kann der Einzelne nicht nur nichts, sondern außerordentlich viel, ja alles erreichen; denn auf ihn kommt es an, auf jeden Einzelnen kommt es an, der erkannt hat, was nottut. Er muss seine Innenkraft bis zur Höchstspannung aufladen und muss sie weise wirken lassen, um in den Kreisen seiner Tätigkeit gesunde Ordnung im Denken und Reinheit im Fühlen und Handeln zu schaffen. Mit anderen Worten: Jeder soll in seinem „Reich" eine gutgeistige „Regierung" schaffen. Wenn das jeder der Wenigen tut, die sich die Seelenstärke dafür zutrauen, so wächst die Kraft der gesundenden Ordnung in den Kreisen dieser Wenigen bald hinaus über die ungeordnete Kraft der Allzuvielen; und dann wird mit organischer Notwendigkeit auch im großen Deutschen Reich ganz von selbst die Regierung der Ordnung und des Rechts erblühen; denn dann entspricht sie einem Kräfteverhältnis im Volke, in welchem die heilenden

Kräfte überwiegen. Und das haben dann die Wenigen, der Einzelne vollbracht, der – unbeirrt durch das Zusammenbrechen aller Ordnung und Gesittung um ihn her – sich selber und seinem eignen höchsten Ideal die Treue wahrte. Darum trägt jeder von uns eine ungeheure Verantwortung; von ihm hängt Zukunft und Schicksal seines Volkes ab, denn er ist sein Volk!

Die letzten 10 Jahre haben ein Heer von politischen Abenteurern hervorgebracht. Das sind Menschen, die unter der Parole: „So kann es nicht weitergehen!" in die Öffentlichkeit flüchteten, von sich reden machten, und durchaus etwas tun mussten, von dem sie eine weithin fühlbare Wirkung erwarteten. Nun, sie haben (in unserem Sinne gedacht) genau das Verkehrte getan. Die Wirkung ihres geräuschvollen Tuns blieb, wie man weiß, aus; manchmal erzielten sie sogar die entgegengesetzte Wirkung, indem sie Gegenmaßnahmen des Feindes auslösten, die für das ganze Volk schmerzhaft, ja vernichtend wurden. Was sie Heilsames, erreichen konnten, das hatte mit diesem öffentlichen Politisieren kaum etwas zu tun; es wäre jene stille selbstlose Arbeit in ihrem engsten Kreise gewesen, die für uns Vorbild ist, weil sie nicht im Werben und großartigen Schwätzen von dem, was sein „müsste", besteht, sondern im Tun, in der schlichten Erfüllung und Verwirklichung dessen, was sein müsste. Aber daran fehlt es gänzlich bei diesen politischen Abenteurern, weil sie die Seelenkraft, die dafür gebraucht wird, in guten schönen Reden verpuffen. Solche Menschen sind demzufolge heillose Politiker; denn ein berufener Politiker muss eine außerordentliche Opferfähigkeit bezüglich all seiner persönlichen Wünsche, Süchte und Eitelkeiten betätigen können und muss eine ungeheuer hoch gespannte ethische Kraft haben. Die Vorstellung, dass sich jeder Deutsche, der seiner heiligen Pflicht als Deutscher genügen will, durchaus öffentlich und werbend betätigen müsse, ist überspannt. Gewiss: Einige sind dafür berufen; aber, wenn sie recht eingestellt sind, müssten sie das eher als eine Strafe wie als eine Bevorzugung empfinden; denn dem, der nur noch durch sein Wesen, also schweigend, als Beispiel, Vorbildner und Vorbild wirken mag, dem ringt sich das Wort schwer von den Lippen. Wenn einer die Berufung zum öffentlichen Reden fühlt, dann muss er reden; aber über politische Dinge darf keiner reden, der nicht zuvor in seinem eignen Innenstaat ein guter Politiker geworden und das Heer seiner aufrührerischen Gefühle und Gedanken weise zu führen gelernt hat!

Die Wurzel alles Übels liegt, wie wir wissen, in dem durchaus mammonistischen Denken unserer Zeit. Das erbärmlichste Beispiel dafür bieten grade diejenigen, welche in der Welt an höchster Stelle stehen und daher Maßgebendes und Vorbildliches zeigen sollten. Es sind die Regierenden der Internationale, die Templer! Sie bewähren sich als ärgste Feinde ihrer eignen Völker. Kein Wucherer und Halsabschneider könnte etwas ersinnen, was schmutziger und teuflischer wäre als z. B. der Versailler Vertrag und das Dawes-Abkommen, Freilich: der Teufel ist immer dumm; gegen Deutschland waren diese rabulistischen Verträge gerichtet; aber es wird sich zeigen, dass sie sich in Wirklichkeit gegen diejenigen Völker richten, deren Regierungen diese Schandverträge diktiert hatten; sie werden bei Weitem mehr darunter leiden als grade Deutschland; denn es ist des Deutschen Art, an Widerständen zu wachsen, darum kann „der" Deutsche niemals untergehen. Und letzten Endes wird immer dasjenige Volk die geistige Herrschaft über alle anderen Völker haben, welches die Herrschaft über die meisten Leiden und Widerstände gewonnen hat. Jeden Tag bringen die Zeitungen neue Beweise für den Schachergeist der Erdregierung. Da ist nichts als Feilschen, Handeln, Übervorteilen; was aber das Volk in jedem Lande ersehnt, davon ist nie die Frage. „Das" Volk ist dieser Weltregierung nur Objekt, das vampyrisiert werden muss. Welches Volk dabei zur Zeit am meisten ausgesaugt wird, das ist ihr im Grunde gleich; denn ausschlaggebend ist für sie niemals das Wohl der Völker, sondern stets die Erwägung, auf welche Art für sie selber der größte Gewinn zu erzielen sei. Die Bezeichnung „Mensch" wie auch „Tier" – und selbst der Name „Teufel" – ist noch zu schade für solch ein planmäßiges Zerstörungswerk alles Edeltums auf Erden durch bewusstes Hineinhetzen aller, die ihre Menschenwürde wahren wollen, in den Zustand der Verblödung. In Amerika, dem „gesegneten" Dollarland, ist dieser Zustand ja schon deutlich fühlbar!

Das Ärgste aber, was die Weltherrschaft des Mammon hervorgebracht hat, ist die Entweihung der Arbeit. Die Arbeit, zumal das Werk der Hände, adelt den Menschen, läutert ihn, macht ihn zufrieden und glücklich. Aber nur dann, wenn er seine Arbeit liebt und sich ihr mit Freudigkeit hingeben kann. Und auch eine gewisse Freiheit, sowohl bezüglich des Tempos wie der Art der Ausführung gehört dazu; denn auch sein Geist will bei der Arbeit tätig sein können. Wer seine Arbeit in solchem Zustande leistet, dem ist die Arbeit selber Zweck, und nichts ist ihm wichtiger, auch nicht das Geld, das er dafür erhalten soll. Ihm also ist die Haupttriebfeder die Lust an der Arbeit und nicht das Geldverdienen. Es ist unser Glück und unsre Hoffnung, dass auch heute noch eine große Zahl diese einzig rechte und gesunde Einstellung zu ihrer Arbeit hat. Aber wie weit muss man zurückforschen, um die Zeit zu finden, wo solche Auffassung von Arbeit Allgemeingut im Volke war, wohl mindestens anderthalb Jahrhunderte. Sie wird zusammenfallen mit der Zeit, wo das mammonistische Denken anfing, das Volk zu verseuchen.

Wo ist heute in den riesenhaften technischen Betrieben der Segen und die Würde der Arbeit geblieben? Ein Mensch, der sich müde gearbeitet hat bei einer Arbeit, die er mit Anstrengung, aber doch gern tat, der hat einen friedlich-gelassenen Gesichtsausdruck, hinter dem eine stille Heiterkeit leuchtet. Man denke an den Bauern, wenn er abends von seiner Feldarbeit heimkehrt; und vergleiche mit ihm den Fabrikarbeiter, der zum Feierabend seine Arbeitsstelle verlässt. Der Vergleich ist so schmerzlich, dass die Worte sich sträuben ihn zu schildern. Eines sieht man ganz gewiss: dieser Arbeiter kann unmöglich seine Arbeit lieben; er arbeitet nur, um Geld zu verdienen, und darum muss dem Armen der Segen der Arbeit entgehen. Wie sollte das auch anders sein. Ist er doch in solchem großen Betriebe kaum etwas anderes als ein Maschinenteil, der gar nicht selber denken und fühlen darf, während er mechanisch die ihm zufallenden Handgriffe macht; und selbst das Tempo seiner Handgriffe ist ihm zwangsweise gegeben; denn als Teil der Maschine muss er wider Willen mitlaufen, solange die ganze Maschine läuft. Es darf nicht bestritten werden, dass auch darin eine gewisse Befriedigung gefunden werden kann, z. B. schon dadurch, dass der Arbeiter einen Sport daraus macht, seinen eignen Rekord zu schlagen. Aber auch dieser letzte Rest von Liebe zu seiner Arbeit wird ihm schändlich vergällt durch das schamlose Taylor-System (amerikanischer Herkunft), welches solche freiwilligen Rekorde registriert und nun von dem Arbeiter ein für alle Mal, jeden Tag, eine dementsprechende mittlere Höchstleistung verlangt. Nun hat man doch aber nicht an jedem Tage eine gleich glückliche Hand. Das vergebliche Bemühen, den Zwangsrekord zu erreichen, muss dann den Arbeiter verbittern, weil er das an seinem verminderten Tageslohn spürt. Mit einem Wort: es wird dem Arbeiter ganz systematisch alles geraubt, was ihm noch Freude an seiner Arbeit machen könnte; all solche Freude und Liebe wird ihm abgekauft; Geld bekommt er dafür. Also was könnte ihn anderes unter solcher Knebelung noch antreiben zu arbeiten als ganz ausschließlich das Geld?

So also wird die Arbeit entweiht und zum Sklaven des Mammon gemacht, und der Arbeiter selber wird unter solchem unentrinnbaren Zwang ungewollt ein Mammonist; wird er es nicht, kann er verhungern. Das ist das größte und fluchwürdigste Werk des Mammon, dass er der Arbeit ihre freie Würde, ihren Adel, ihre erlösende heilende Kraft raubte. Töricht, zwecklos, schädlich ist es, öffentlich dagegen aufzutreten, Massen zu sammeln, die ein Geschrei erheben, Streiks organisieren, einen Druck ausüben. Denn jeder Widerstand gegen den Weltgötzen Mammon wird von diesem furchtbar gerächt. Willkommen ist ihm solcher Widerstand, denn er fördert nur seinen Plan; scheinbar nachgebend holt er nur zu einem noch wuchtigeren Schlage aus. Den Schaden hat der Arbeiter und das ganze Volk; der Arbeiter wird dann nur noch mehr geknebelt und das Volk (und er mit ihm) spürt jeden Streik an dem Emporschnellen der Preise, nicht nur für die beteiligte Ware, sondern gewöhnlich für alle nötigsten Nahrungsmittel. Jeder Streik ist Selbstzerfleischung, solange der Mammon die Oberherrschaft hat. Und der wird solange die Oberherrschaft haben, wie der Arbeiter mammonistisch eingestellt ist. Aber hier ist eine Zwickmühle; denn er kann ja gar nicht anders eingestellt sein, solange er von Mammons Gnaden lebt. Also wird er sich immer wieder aufbäumen gegen den unerhörten Zwang, selbst wenn er begreift, dass er sich selbst damit nur noch ärger knebelt. Von dem Arbeiter selber ist daher keine Wandlung zu erhoffen, und unmittelbar kann ihm überhaupt nicht geholfen werden. Der offene Kampf gegen das mammonistische Getriebe ist zwecklos, hat aber selbstverständlich stets die Sympathien der Feinde des Mammons für sich. Dass trotzdem solcher Kampf noch sein muss, bestreiten wir nicht; denn er ist ein Bedürfnis. Wir aber werden mehr tun müssen als bekämpfen; für uns gilt die Parole: „Besser machen!" – Es handelt sich um nichts Geringeres als der Arbeit ihre Weihe und ihren Adel zurückzuerobern; denn wenn das im genügenden Umfange erreicht ist, stürzt der Mammon von seinem tönernen Thron.

Mit diesem großen erlösenden Werk kann jeder sofort beginnen. Unserer Hände Werk ist es, das die Rettung bringen wird. Um dies recht zu verstehen, müssen wir vor allem unser Denken in diese Richtung wenden. Darum stellen wir als erste die Frage; warum verdient „Das Werk unsrer Hände" die Krone vor allen menschlichen Betätigungen? Wir kehren zu dem Zweck zurück zu dem einleitenden Gedanken von dem Riesenaufschwung der Technik und dem Unsegen, den er über die Menschheit gebracht hat. Dieser Unsegen war keine Notwendigkeit! Das werden wir bald einsehen, wenn wir die prächtigen Typen jener ersten bahnbrechenden Erfinder kennen lernen. Die herrlichen Erfindungen wurden erst dadurch zum Unsegen, dass sich der Händler ihrer bemächtigte. Der Erfinder, als der schöpferische Mensch, ist kein Händler. Wohl will er seine Findung seinem Volke zugute kommen lassen; aber ein feines Gefühl für seines Volkes große Familie verbietet ihm „Preise zu machen" (gemeint ist: Wucherpreise). Das bringt nur der Volksfremde fertig, der unschöpferische Mensch, der nur Händler ist, der geborene Händler. Der sucht den schöpferischen Menschen (denn er braucht ja Ware, mit der er handeln kann) und kauft ihm seine Ware ab – dem Erfinder seine Erfindung – und geht zunächst hausieren damit, bis er genügend kapitalkräftige Interessenten gefunden hat, um einen Fabrikbetrieb zu eröffnen. Und dann verkauft er die Sache zu Preisen, die ihm den 10-100 fachen Gewinn eintragen von dem, was der Erfinder von ihm erhält. Dieser Vorgang mag zwar oft ganz anders verlaufen; typisch aber ist, dass auf diese Weise alle bedeutenden Erfindungen schließlich in die Hände von Mammonisten geraten und von diesen ganz nach deren Gutdünken ausgebeutet werden, jedenfalls ohne die geringste Rücksicht auf die Tausende und Millionen, welche die betr. Sache zur Förderung ihrer Belange sehr nötig hätten, aber darauf verzichten müssen, weil sie unerschwinglich teuer für sie ist. Denn Mammonisten haben, selbst wenn sie Deutsche wären, kein Herz für das Volk und lieben nur sich. Kein Wunder, dass bei einer solchen Fülle von glänzenden Erfindungen die Mammonisten, die Händler, riesenhaft verdienten. Der Mammonismus nahm genau in dem Maße an Umfang zu, wie die Zahl der guten Erfindungen zunahm. Also haben die schöpferischen Menschen letzten Endes für den volksfremden internationalen Händler gearbeitet; und sie selber sind die unschuldige Ursache, dass diesem internationalen Händler heute fast alles Geld der Kulturstaaten gehört, und dazu noch der überwiegende Teil des Grund und Bodens, der doch, wie Luft und Licht und Wasser, Gemeingut der Menschheit bleiben soll. Und mit diesen unermesslichen Reichtümern, um die der internationale Händler den schöpferischen Menschen betrog, hat er seine Macht aufgerichtet und saugt nun allen Völkern Nerven, Seele, Blut und Leben aus. Man wird jetzt unseren sonderbaren Wunsch verstehen: „Wäre doch in den letzten hundert Jahren gar nichts erfunden worden."

Als die neue Zeit der Erfindungen begann, um die Mitte des 18. Jahrhunderts, da ahnte noch niemand dieses Unheil; da war die Hoffnung und der Glaube wohl begründet, dass die großen wissenschaftlichen Errungenschaften die echte Kultur fördern, die Menschheit verinnerlichen, veredeln und glücklicher machen könnten. Man durfte das für möglich halten, wenn man der großen Forscher gedachte, die jene Zeit hervorbrachte; es waren ohne Ausnahme wahrhaft edle, Ehrfurcht gebietende Menschen von ganz eigner Art.

Vertiefen wir uns in das Wesen und Werken dieser Männer, so werden wir die Beweise dafür finden, dass „unsrer Hände Werk" die Krönung aller Menschenwerke ist. Diese Männer können uns als Beispiel dienen, um offenbar werden zu lassen: Das Kunstgeheimnis des Werks unsrer Hände. Das ist es, was in weiten Kreisen unsres Volkes wieder Leben gewinnen muss; denn nur aus ihm strömt die Kraft zum „Bessermachen", zum Erfüllen unsres hohen Zieles.

*

Von den berühmten Erfindern um die Wende des 18. Jahrhunderts nennen wir die Experimentalforscher: Boyle, Farady, Davy, Berzelius, Liebig, Bunsen, Kirchhoff, James Watt, Jean Servais Stas. Ihr Forscherwerk gab ihnen die Kraft der Reinheit und gewann ihnen jene kindliche Freudigkeit wieder, wie man sie nur bei wirklichen „Meistern vom Werk" findet. Sie waren übrigens alle nordische Menschen und wenn auch verschiedener Nationalitäten, gehörten sie doch alle dem großen übervölkischen Geschlecht der Lichtgeborenen an; und zwar so rein ausgeprägt, dass die Eigenarten und Unarten ihrer Nation in ihren Schöpfungen nicht mehr zur Geltung kamen, was bei dem Durchschnitt nicht zutrifft. In der Regel merkt man jeder Arbeit und besonders der Arbeitsweise an, ob sie von einem Franzosen, einem Engländer, einem Amerikaner oder einem Deutschen stammt; diese vier Nationen haben ihre ganz verschiedene Eigenart, auch in ihrer experimentellen Forschung. Jene großen Forscher aber empfinden wir Deutsche uns sehr verwandt, wiewohl nicht alle Deutsche sind. Wer sich mit dem Leben dieser großen Forscher je einmal tiefer beschäftigt hat, wird sich angezogen fühlen von ihrer erquickenden Frische und Ursprünglichkeit, von ihrer kindlichen Freude an ihren Findungen, von ihrer innersten Gesundheit und meist urwüchsigen Derbheit. Dabei waren sie, wie jeder redliche Werker im Herzen gläubige Menschen, wenn auch nicht im Banne der Kirche.

Man darf sagen, dass es sich hier um eine ganz eigenartige Prägung Mensch handelt. Sie hat gewiss zu allen Zeiten ihre Vertreter gehabt, aber nie war sie so zahlreich vertreten wie in den letzten 150 Jahren; denn in ihr häufen sich die genialen Forscher. Es muss uns daran liegen, diese Prägung näher kennen zu lernen, weil sie uns das eigentliche Wesen des Werks unsrer Hände enthüllt. Wir fragen deshalb: Was hatten diese Forscher Gemeinsames? Welcher Geist verband sie? Die Gebiete ihrer Tätigkeit

35

lassen nichts Gemeinsames erkennen; die waren sehr verschieden: Der eine war Arzt, der andere Ingenieur. Dieser war Chemiker, jener Astronom, einer erforschte die Geheimnisse des pflanzlichen, ein anderer die des tierischen und menschlichen Baues und Lebens. Auch die Art ihrer Betätigung war ganz verschieden. Während der Eine in mühseliger Arbeit sein ganzes Leben lang 100stel Milligramm auf feinsten Wagen wog, oder an physikalischen Präzisionsapparaten Jahrzehnte lang Messungen ausführte, die jedem anderen unverständlich, ja zwecklos erscheinen mochten, werkte der andere mit Retorten und Kolben, oder mit lebendigen Tieren, Menschen, Pflanzen: und auch da konnte der unbeteiligte Beobachter meist nicht viel anderes als eine sonderbare fixe Idee feststellen. Ebenso stand es mit den Erbauern von Maschinen und den Erfindern technischer Sonderbarkeiten; man hatte in der Regel nur ein mildes Lächeln dafür. Nur wenn man die Begeisterung, die tiefe Sammlung dieser Forscher bei ihrer Arbeit und ihre unzerstörbare Zuversicht spürte, konnte man nachdenklich werden und war dann doch wohl geneigt, diese Dinge ernst zu nehmen.

Damit haben wir aber schon etwas, das allen genialen Forschern gemeinsam ist: nämlich die anscheinende Zwecklosigkeit ihres Werkens; sie ist eine natürliche Begleiterscheinung aller Arbeiten an Dingen, die der Menschheit noch völlig unbekannt sind. Es sind die Werke der bevorzugten Uranier, der Bahnbrecher und Pfadfinder. Das gibt uns die Richtung. In diesen Köpfen und Herzen müssen ganz eigenartige Vorgänge stattgefunden haben, wenn sie – der höhnenden Mitwelt wie den kopfschüttelnden Freunden zum Trotz – nicht abließen von ihrer einmal gefaßten Idee. Was alles sie ihrer Idee zum Opfer brachten, wird man niemals bis zum Letzten erfahren; denn das Erschütterndste spielt sich immer schweigend in den Seelentiefen ab, und wird dort ausgetragen. Ist aber der Sieg errungen, dann spricht solch ein Mensch nur noch lächelnd und leichthin von seinen bitteren Erlebnissen. Aber schon das, was man erfahren hat, ist eine Geschichte wahren Heldentums, bei dessen Anhören jeder, der diesen Menschen geistig verwandt ist, verstehend nickt und Freude empfindet.

*

Wir wollen ein Beispiel dafür hören, mehr unterhaltsam, als erschütternd; aber bezeichnend genug. Jean Servais Stas, ein Flamländer belgischer Staatsangehörigkeit, hatte es sich schon in jungen Jahren zur Lebensaufgabe gemacht, die Gewichte der chemischen Atome zu bestimmen. Es war um die Mitte des 19. Jahrhunderts. Solche Arbeit hatte für ihn nur ein reines Forschungs-Interesse: dass sie je etwas Förderliches für die Menschheit bringen könnte, lag außerhalb seiner Erwägung, war auch unwahrscheinlich. Jedenfalls hätte das ihm selber unmittelbar nie etwas eingebracht; denn Atomgewichte sind kein Massenbedarfsartikel. Stas hatte ein besonderes Ziel: Er hoffte eine Hypothese bestätigen zu können, welche mit dem fraglichen Uratom zusammenhing, aus dem alle anderen Atome aufgebaut sein könnten. Um diese Arbeiten so auszuführen, wie er es für zweckdienlich hielt, brauchte er ein geräumiges Laboratorium und teure Apparate und Instrumente. Wenn er aber so etwas haben wollte, musste er sich schon entschließen, allein die Mittel dafür aufzubringen; denn jeder andere, selbst der beste Freund, hätte ihm von der Sache abgeraten. Stas besaß ein kleines Vermögen. Ohne zu zögern, verwandte er es für sein Laboratorium. Er richtete dieses ganz nach seinem Sinne ein und ließ es an nichts fehlen. Und als er fertig war, da besaß er gar nichts mehr. Man kann nicht sagen, dass dies eine nutzbringende Kapitalanlage war. Und das hatte er selber schon vorher gewusst, er konnte gar nicht mit der Möglichkeit rechnen, dass die Arbeit, die er vorhatte, ihn erhalten würde; er wusste vielmehr, dass sie ihm im Gegenteil fortgesetzt Geld kosten würde. Also das war ein kühnes Wagnis! Aber für ihn kein Gegenstand der Sorge. Alle Bedenken wurden von der Freude überwogen, dass er nun endlich seine geliebte Arbeit beginnen konnte. Und er liebte wirklich gar nichts anderes, dachte nicht einmal an die Anerkennung der Wissenschaft, die er beim Gelingen der Arbeit erhoffen durfte. Und wenn wir nun fragen: Was ist am Ende bei dieser Arbeit herausgekommen, so müssen wir sagen: eigentlich nichts! Jene Hypothese nämlich, welche hoffen ließ, das Uratom zu enträtseln, erwies sich als nicht haltbar (und doch hat die allerjüngste Forschung sie in gewissem Sinne bestätigt). Schien damit nicht erwiesen, dass Stas diese ganze Mühe besser gelassen hätte? Nein! Durchaus nicht Die Lebensarbeit von Stas ist ein Grundstein im Gebäude der chemischen Forschung geworden; ohne Stas wären die gewaltigen Errungenschaften und Entdeckungen der heutigen Chemie unmöglich. Er war es, der wirkungsvoller noch als Bunsen und Berzelius, dem Chemiker gewissermaßen einen höheren Grad der Forschung eröffnet hatte. Das konnte Stas selber natürlich nicht ahnen. Er hatte überhaupt keinen Neben-Zweck, um deswillen er die Atomgewichtsbestimmungen machte; sie waren ihm vielmehr Selbstzweck. Aber gerade, weil sie das waren, standen sie im Dienste eines nicht geahnten höheren Zwecks. Eben deshalb konnte es keine vergebliche oder bedeutungslose Arbeit bleiben; denn jede Arbeit, mag sie auch zwecklos erscheinen, die in voller Liebe zur Sache geleistet wird, hat Wert und bringt der Menschheit irgendwie Förderung. Noch etwas anderes aber ist stets mit der bedingungslosen Hingabe an eine Arbeit und Sache verbunden: sie selber sorgt dafür, dass der, welcher sie leistet, so lange vor ärgster Not bewahrt bleibt, bis er sie meisterhaft vollendet hat. Die Arbeit selber schafft die Bedingungen dafür; nicht freilich so, dass sie sich unmittelbar bezahlt machte. Es sind oft ganz seltsame Wege und eine Kette merkwürdiger „Zufälle", durch die der Opferfrohe seinem Werk erhalten bleibt. Immer aber schuf er selber die Ursache für solche „Zufälle". Dafür bietet Jean Servais Stas ein Musterbeispiel. Es sei ausgeführt; denn es bezieht sich auf jeden, der, wie Stas, mit ganzer Liebe dem Werk seiner Hände dient, ganz gleich, welcher Art dieses „Handwerk" ist.

Wir hörten, dass Stas nichts mehr besaß, als er sein Laboratorium eingerichtet hatte, und dass er durch seine Arbeit auch nichts verdienen konnte. Außerdem wissen wir aus seinen „Oeuvres completes", dass er Tage und Nächte seinen Atomgewichtsbestimmungen widmete; für Broterwerb blieb ihm (das kann man nachrechnen) überhaupt kaum Zeit übrig. Man würde sich also nicht wundern zu hören, dass er zeitlebens gehungert habe. Aber das ist nicht der Fall. In seiner Biographie liest man darüber eine beiläufige Bemerkung, die alles aufklärt. Wir finden ihn nämlich in reiferen Jahren als einen weit über die Grenzen seines Vaterlandes angesehenen Mann. Nicht aber auf seinem wissenschaftlichen, wirklichkeitsfremden Gebiete der Atomgewichtsforschung gelangte er noch bei Lebzeiten zu Ansehen, sondern auf einem ganz anderen, auf einem sehr praktischen Gebiete. Er galt nämlich als ein genialer Politiker und im besonderen als ein Finanzgenie. Man kann sich daraus, wenn man zwischen den Zeilen zu lesen versteht, ein Bild von seiner Nebenarbeit während seines ganzen Lebens machen. Dass er still zurückgezogen als wissenschaftlicher Forscher lebte, war dieser Nebenbeschäftigung besonders günstig. Sein Biograph berichtet, dass sein Name an Fürstenhöfen heimlich von Mund zu Ohr ging. Sein politischer Weitblick war berühmt. In seinem stillen Laboratorium hat er Fürsten und Könige von ganz Europa empfangen. Er war ein wirklicher „Geheimer Rat" geworden für alle, die große Verantwortungen zu tragen hatten. Anerbietungen auf hohe Stellungen lehnte er stets ab. Er blieb bis in sein hohes Alter hinein seiner stillen Forscherarbeit treu. Man geht auch nicht fehl in der Annahme, dass wir das kostbare dreibändige biographische Werk über Stas nur dieser seiner Nebenbeschäftigung zu danken haben, welche eigentlich seine Berufung wurde. Man ehrte den Mann, indem man ihm den Druck des Werkes ermöglichte; im Stillen aber lächelte man über den zwecklosen Inhalt des Werkes.

Für unsere Betrachtung über die Heiligkeit des Werks unsrer Hände ist dabei nun wesentlich, dass sich die staatsmännische Weisheit von Stas erst im Laufe der Jahre entwickelt hatte und dass sie ganz eng mit seiner Liebe zu seiner Hände Werk, mit seiner Hingebung an sein experimentelles Forscherwerk zusammenhängt. Jeder Experimentalforscher weiß aus Erfahrung, welch hohes Maß von Selbstzucht, Geduld, Besonnenheit und Mut, trotz ständiger Misserfolge, solche Arbeit erfordert. Da wird allmählich der ganze Mensch ein anderer. Reif, gefestigt, innerlich reich, sonnig und zufrieden. Und Stas bildet da keine Ausnahme. Die wirklich großen Experimentalforscher waren alle ähnlich angesehene, reife, weise und hochwertige Menschen. Sein Fall ist typisch.

*

Wir haben jetzt die Eigenart des wissenschaftlichen Experimentators kennengelernt, und wenden uns unseren eigentlichen Vorhaben zu: die Ergründung des Sinnes vom Handwerk für das königliche Werk der Ordnung.

Der Zusammenhang ist enger, als man meinen sollte. Er kann kurz so gesagt werden: Die Experimentalforschung ist das ideale Handwerk, und beide sind in ihrer höchsten Art – Kunst!

Das ist der Gedanke, den wir verfolgen wollen. Der Zusammenhang ist leicht ersichtlich, wenn man bedenkt, dass es ja gar nicht zuerst auf das Was einer Arbeit ankommt, sondern vor allem auf das Wie, d. h, auf das innere Verhältnis des Werkers zu seinem Werk, auf seinen Zustand, während er werkt. Und da ist es klar, dass jede mit Hingebung ausgeführte Arbeit der Hände den gleichen inneren Zustand hervorruft und ein gleiches Erleben bei der Arbeit weckt. Die Tiefe des Erlebens mag recht verschieden sein; sie hängt aber nur mit dem Grad der Hingebung, nicht mit Gegenstand und Art der Arbeit zusammen. Sowohl der Experimentator wie der Handwerker gewinnen rein menschlich von Jahr zu Jahr an Wert bei ihrer Hände Werk. Das kann man oft feststellen. Die gesunden und weitsichtigen Anschauungen eines alten Handwerkmeisters heben sich oft sehr vorteilhaft heraus aus dem Wust kurzsichtiger und verworrener Anschauungen z. B. von Leuten, die sich für Führer des Volkes halten, ohne durch die unerlässliche Schule eines Werkes ihrer Hände hindurchgegangen zu sein.

Etwas allerdings scheint ganz abweichend. Wir hörten, dass die Arbeiten der großen Experimentalforscher häufig gar nicht begehrt werden, dass sie Jahre und Jahrzehntelang den meisten zwecklos erscheinen, oft erst nach Menschenaltern zu ihrer Geltung kommen, sodass sie dem Forscher häufig nicht einmal die Mittel zum Lebensunterhalt einbringen. Das ist beim Handwerk nie der Fall. Was der Handwerker leistet, wird stets begehrt, ist zweckvoll, wird bezahlt und erhält den Mann. Betrachten wir's aber genauer, so ist dies noch gar nicht das wesentlich Verschiedene. Denn der Handwerker ist bei seiner Arbeit (!) genau so selbstvergessen und vertieft wie der wissenschaftliche Forscher. Und während seiner Arbeit fragt auch der Handwerker nicht danach, was er dadurch verdienen wird; denn er braucht alle seine Gedanken für sein Werk. An die faulen Stundenschinder denken wir nicht. Und was schließlich die Zwecklosigkeit der wissenschaftlichen Forscherarbeit betrifft, so ist diese doch nur eine scheinbare von anderen so beurteilt, die den Zweck noch nicht erkennen. Für den Forscher selber ist natürlich jeder Handgriff zweckvoll, ebenso wie beim Handwerker. Das wesenhaft Verschiedene besteht nur im Antrieb zu der Arbeit. Für den echten Forscher kommt die Erwägung: was sich aus seiner Arbeit für ihn persönlich herausschlagen lässt, überhaupt nicht in Betracht; ihn treibt nur die Idee, und er liebt nur die Sache. Beim Durchschnittshandwerker dagegen ist diese Erwägung ausschlaggebend: er rührt keine Hand, wenn er nicht vorher weiß, dass ihm die Arbeit etwas einbringen wird.

Das ist der Grund, weshalb die Experimentalforschung „ideales" Handwerk genannt werden muss. Je mehr aber der Handwerksmeister zum Kunstmeister wird, umso mehr verschwindet auch dieser einzige wesentliche Gegensatz. Und beide begegnen sich dann in demjenigen Reiche des Lebens, zu dem jede menschliche Betätigung unbewusst hinstrebt: im Reiche der Kunst. Ins Reich der Kunst strebt unbewusst jedes mit Liebe unternommene menschliche Werk. Denn im echten Kunstwerk schwingt der Rhythmus höchster Ordnung und Schönheit, und darauf ist doch das stille Sehnen aller Menschen gerichtet. Die Begriffe Ordnung und Schönheit vereinigt das griechische Wort Kosmos in sich, welches „Welt" bedeutet. Jede menschliche Höchstleistung ist ein Kunstwerk! Alle Werke der Experimentalforschung und der Ingenieurwissenschaften, wissenschaftliche, philosophische Abhandlungen jedes Gebietes, Geschichtsschreibungen usw. und alle Werke des Handwerks werden sobald sie wahre Meisterschaft zeigen, samt und sonders Kunstwerke. Sie sind sogar in einem höheren Sinne „Kunst" als manche Werke der sinnfällig bildenden Künste, weil für diese häufig medianime Anlagen ausreichen, astrale Einflüsse, Inspirationen, ohne dass der Künstler selber (außer in den Stunden seines Schaffens) ein innerlich geordneter Mensch zu sein braucht. Die Kunstwerke aber, die wir meinen, sind nur möglich nach einer außerordentlichen inneren Schulung, mit Einsetzung und Veredlung aller rein menschlichen Werte, wie Charakter, Moral, Wille, Gemüt, Geist und Liebe. Der Weg geht hier immer – gleichviel, ob es sich um wissenschaftliche, technische oder Handwerksleistungen handelt vom Handwerk zur Kunst, vom Werk zum Hochwerk, vom Ziel zum Hochziel. Für diese Art Kunst, welche den ganzen Menschen ergreift, und das äußere Kunstwerk aus innerer Veredelung heraus schafft, haben wir einen besonderen Namen. Wir heißen sie die Königliche Kunst!

Darum ist es die vornehmste Aufgabe der Handwerker-Innungen, sich wieder, wie in vergangenen Zeiten, ordensgemäß zu gestalten, ihren Lehrlingen wie den Gesellen die Wege zu dieser Königlichen Kunst zu weisen, damit diese sowohl Meister nach ihrer Bestimmung in ihrem Werk, wie dereinst Kunstmeister nach ihrer Berufung in ihrem Hochwerk werden. Den Innungen werden wir daher unsere ganz besondere Aufmerksamkeit widmen, damit sie werden, was sie waren; geweihte Pflegestätten zur Heranbildung tüchtigster Werker und ganzer Männer; stark, innerlich reich, zufrieden und glücklich.

Den ersten Grundstein dafür legen wir schon hier, indem wir jetzt im Sinne jenes Ordens sprechen, der einst den Innungen ihren hohen Kulturwert verlieh und es wiederum tun wird in unsrer Zeit. Dieser eine, einzig echte Orden, der niemals eine Körperschaft, sondern zu allen Zeiten nur eine Geistschaft war, ist der Orden der kosmischen Lebensordnung. Sein Wesen ist dargelegt in Raphaels „Hermetischen Lehrbriefen über Sternenweistum und Alchemie" (II. u. 33. Lehrbrief). Wenn sich aber eine wirkliche Körperschaft treu nach dem Bilde dieser kosmischen Ordnung bildete, so hat sie stets das Werk der Hände zur Grundlage ihres Ordenswerks genommen, weil die hohe Macht, welche den Könner der Königlichen Kunst auszeichnet, nicht ohne die Meisterschaft in einem Werk der Hände erworben werden kann. Ein solcher Orden der Ordnung erwartet freilich nicht, dass jeder ein so benanntes „Handwerk" zum Lebensberuf mache; er fasst den Begriff Handwerk weit und zählt zu ihm auch alle technischen, künstlerischen und wissenschaftlich-experimentellen Werke, sowie andrerseits alle sportlichen Berufe. In diesem weiten Sinne soll jeder ein

„Handwerk" suchen und es zuerst darin zur Meisterschaft bringen, damit er vor allem lerne, ganz aufzugehen in einem Werk und dabei die bedeutenden Erfahrungen sammle, die nötig sind für den Aufstieg und die Erschließung der Schätze der göttlichen Lebensordnung. Die Erfüllung dieser Aufgabe kann keinem erlassen werden; denn es ist ein Lebensgesetz: „Erst kommt das Werk, dann das Hochwerk! Zuerst muss das Ziel erreicht sein, dann erst wird das Hochziel erreichbar!"

Ganz allgemein will diese Weisung sagen, dass jeder zuerst einen Erwerbsberuf zu wählen und zu erfüllen hat, der seinen geburtlichen Anlagen entspricht, bevor seine großen umwälzenden Ideen und hohen Ideale erfüllbar werden können; denn vorher mangelt ihm sowohl der rechte Blick für das Wesen seiner Ideale, wie die rechte Ordnung derjenigen Kräfte, welche eine heilsame Erfüllung verbürgen. Hier waltet ein Gesetz der kosmischen Lebensordnung und wer es nicht beachtet, erreicht überhaupt nichts Gutes, weder in seinem Werk noch im Hochwerk seiner Ideale. Mit andern Worten: Die kosmische Ordnung unterstützt keine Berufsabenteurer, Wegelagerer und Glücksritter. Sie spendet nur dem ihre Heilkraft, führt nur den ans Ziel seiner Wünsche, der diese Ordnung achtet und ihren geraden Weg von Anfang an geht, und nicht in regellosen Sprüngen 100 Dinge auf einmal treibt, alles Mögliche kann, aber nichts „ordentlich" kann. Es hat keinen Sinn und Zweck, dass sich der Mensch mit Idealen beschäftigt, dass er sich bemüht, seine schlechten Gewohnheiten und Leidenschaften zu bekämpfen, dass er seinen alten Adam misstrauisch beschnüffelt und moralische Kletterübungen macht (eigentlich nur Wippübungen), wenn er nicht zugleich ein Werte-Schaffender ist, das heißt: nützliche Arbeit mit ganzer Hingabe leistet. Und wenn er sich früher bereits bewährt hatte in einem Werk, das ihn ernährte, aber durch ungewöhnliche Umstände – auch wohl durch den Wahn, dass er zu Höherem berufen sei – sich seinem Werkberuf entrissen fühlte, so kehre er in Zeiten, wo er bei seinen idealen Bestrebungen in Not gerät, zurück zu seiner ersten Liebe: zu seinem Werk; denn so wird er seine Ideale wahrlich besser fördern, als wenn er sie zu Markte trägt.

„Deiner Hände Werk"! – das Wort soll uns wieder ein Wort der Weihe werden, denn nur unsrer Hände Werk weiht uns für unser Hochwerk! Es hat noch nie einen Menschen gegeben und wird nie einen geben, der zu einem wahren Förderer der Menschheit aufgestiegen wäre – mit freiem Blick, mit tiefem Verstehen der Nöte des Lebens, unbeeinflussbar und im Innern sonnig und erfüllt – der nicht durch seiner Hände Werk geweiht worden wäre: Was immer der Mensch ersehen mag, es wird ihm nicht, oder nur in kümmerlichem Ersatz zuteil werden, wenn er nicht die harte und heilvolle Schulung durchmacht, die ihm seiner Hände Werk durch sich selber bietet. Dabei verschwinden all die Probleme, Rätsel und Fragen, mit denen eine werkfremde Philosophie den Intellekt überzüchtet hatte. Nach gewisser Zeit aber fühlt der hingebungsvolle Werker, dass es ja gar keine Rätsel sind, und wundert sich über die sonderbar verwickelten Gedankengänge, welche die meisten Philosophen und auch Esoteriker für nötig halten, um die allereinfachsten Dinge hoffnungslos unverständlich zu machen. Ähnliches erlebt der durch seiner Hände Werk wissend Werdende mit den Fragen der Religion. Er hat z. B. kein Verständnis mehr für den reuevollen Zustand sündiger Büßer, weil es ihm um vieles wichtiger dünkt, alle Gedanken und Kräfte darauf zu sammeln, wie er in seinem Werk ertüchtige und erstarke. Da wird ihm das Werk selber zum Lehrmeister, zum Rechtrichter seines Willens, zum Ordner seiner Gedanken und Neigungen: und er folgt diesem Lehrmeister, wenn´s auch oft recht schwer fällt gern; denn er liebt sein Werk! Die überall so eindringlich empfohlene „Arbeit an sich selbst" ist dann nicht mehr Selbstzweck und daher zwecklos, sondern wird das, was sie wirklich nützlich macht: Sprungbrett, um Meister vom Werk zu werden.

Es gibt auch keine Betätigung, die mehr Freude Lebenslust und Zufriedenheit bringt als: „Deiner Hände Werk". Selbst die herrlichsten geistigen Schöpfungen, die schönsten, befreiendsten Gedanken, welche am Schreibtisch gestaltet werden, können nicht solch reinen Glückszustand, solch ein Lebensvollgefühl erzeugen, wie ein Werk, welches zugleich körperliche Kunstfertigkeit und Gewandtheit als Scharfsinn und geistiges Können erfordert. Denn daran ist der ganze Mensch beteiligt: Geist, Wille, Seele, Sinne, Nerven und Muskeln; nichts bleibt untätig, nichts unbefriedigt. Solches Werk läutert und veredelt den ganzen Menschen! Wer es dauernd mit immer stärkerer Hingabe leistet, wird auf die natürlichste Weise ein klar und unabhängig denkender Mensch mit wachen und gesunden Sinnen.

Und diesen wünschenswerten Zustand jedem zu ermöglichen wäre Zweck und Ziel gesunder Handwerks-Innungen, und ist der einzige Zweck eines Ordens, der Anspruch auf diesen Namen haben will. Ein Orden, der seinen Verbundenen nicht vor allem die Wege zur Werktüchtigkeit weist, ist kein rechter Orden. Er muss darum auch die in der Menschenseele schlummernden Seelenkräfte entfalten können, und muss dafür jede erprobte Hilfe, auch solche Hilfen, die der Allgemeinheit nicht bekannt sind, bereit haben. Wir wollen bei diesen der Allgemeinheit unbekannten Hilfen etwas verweilen, denn wir berühren hier das, was als „Geheimnisse" zu gelten pflegt.

Ein Orden, der nur als Geistschaft wirkt, der kann sich nicht mit Geheimnissen wichtig machen. Was von dem Geheimnis sich nur irgend in Worten ausdrücken lässt, das kommt jedem, der im Geiste mit ihm verbunden ist, zu, meist durch eindruckvollste Fügungen. Und: Wer allzu wissbegierig ist, der entdeckt vor der Zeit auch manches, was er im Augenblick noch nicht verarbeiten kann. Auch das wird ihm nicht-vorenthalten, wiewohl es ihn schwerlich zufrieden stellen wird. Wahrscheinlich wird er Enttäuschungen erleben, denn er würde zu verstehen glauben: Das Wirkliche aber würde er doch noch nicht verstehen. Jedes Ding hat eben seine Zeit und Stunde, wo es sich erschließen will und man tut gut, diese Stunde abzuwarten und Neugier zu zähmen. Ganz zwecklos aber wäre es, solche verborgenen Hilfen denjenigen zu geben, die geistig vergrübelt sind und ihre Gedankenwelt mit religiösen, philosophischen oder okkulten Weltanschauungen erfüllen. Denn ihr Gefäß ist ja übervoll, es geht nichts mehr hinein; alles was ihnen geboten wird, vermengt sich mit dem Inhalt ihrer Geistigkeit in ungesunder Gärung, und kann sein wahres Wesen überhaupt nicht offenbaren.

Hier enthüllt sich die Ursache des Versagens der sogenannten geheimen Orden (Templer). Auch diese Orden hüten verborgenes Urwissen. Aber sogar deren Leiter erfüllen in der Regel die natürliche Ordnung nicht, welche verlangt, dass man erst Meister vom Werk werden muss, bevor man am Hochwerk recht zu wirken imstande wäre. Sie geben nun das Urwissen mit geheimnisvollem Gebaren an ihre Mitglieder, die ebenfalls tief im metaphysischen Intellektualismus verwühlt sind und ihren Sinnen nicht mehr trauen dürfen. Unter solchen Umständen muss natürlich alles falsch oder halb verstanden werden; oft wird sogar die leuchtende Wahrheit – mehr aus Unkenntnis als aus bösem Willen – in finsteren Wahn oder Verbrechen verkehrt.

Das verborgene Urwissen zieht nur durch das Tor gesunder Sinne in die Menschenseele ein. Das empfangende Gefäß muss leer sein von Urteilen und Vorurteilen. Wie ein Trichter muss es sein, aus dem alles abgeflossen ist. *Eine Art kindlicher Empfänglichkeit ist notwendig, wenn der Mensch das Raunen der Ur-Runen in Taten des Lebens umsetzen will.* Und dafür gibt es gar keine andere Möglichkeit, als „Deiner Hände Werk". Nicht dem stirnrunzelnden Grübler und dem esoterisch-geheimnisvollen Wichtig-

44

männchen offenbaren sich die Geheimnisse der Königlichen Kunst, sondern den sonnigen, lachenden Sinnen des redlichen Werkers. Ehe diese sorglose kindliche Freudigkeit nicht wieder die Augen, die Tore der Seele erhellt, ehe der Mensch nicht wieder gelernt hat, die Welt mit wunderweiten Augen als ein erstaunlich Neues zu schauen, nutzt ihm hochheiligstes Wissen und tiefgründiges Geheimnis zu gar nichts, höchstenfalls dazu, sich selber mit hohen Geheimnissen wichtig zu machen; und das ist erst recht nutzlos! Diese verborgenen Dinge, die wir ahnen, kommen dem Menschen am schnellsten dann entgegen, wenn er treu und ausharrend stets seine nächstliegende Aufgabe mit ganzer Hingabe erfüllt: den Blick versenkt in sein Werk: nach unten und innen, nicht irrlichternd überallhin gerichtet. Glaubt sich einer schon für höhere Aufgaben berufen, die über sein eigentliches Werk hinausgehen, so beweise er das! Er lege dem „Meister" in seiner Seele sein „Gesellenstück" vor! Ist dieses gut und gelungen, so wird der „Meister" keinen Augenblick zögern, ihn vor höhere Aufgaben zu stellen, und alles wird ihm werden, wonach sein Herz sich sehnt, alles Leid wie alles Glück. Darum sei dir heilig: Deiner Hände Werk.

*

Jetzt wollen wir noch ein Wort über die Außenarbeit sagen, und nehmen zu dem Zweck den im Anfang berührten Gedanken auf. Wie kommt es wohl, dass man von dem Segen der Werkarbeit überhaupt noch sprechen muss? Warum ist das nötig? Die händlerische Ausnutzung des Riesenaufschwunges der Technik und Wissenschaft ist daran Schuld. Dadurch ist das Denken und Sehnen der Menschen in eine andere Richtung, einem andere Gott entgegengedrängt worden. So passen unsere Gedanken über das Handwerk ganz und gar nicht zu dem herrschenden Geist der Gegenwart. Es ist der Geist von Gier und Hass, nicht der von Lust und Liebe; es ist der Geist des Händlertums und des Werteverschacherns, nicht der des Werktums und des Werteschaffens; es ist der Geist der Ungüte und Unfreude aus innerer Armut, nicht der Geist des sorglosen Schenkens von Güte und Freude aus innerem Reichtum heraus. Dieser Geist hat einen Namen erhalten, der in aller Munde ist: Mammon heißt er. Es gehört auch für den weniger Gesinnungstüchtigen gewissermaßen zum guten Ton, gegen den Mammon Stellung zu nehmen. Meist ist das auch ganz ehrlich gemeint. Es hat aber nur Bedeutung für die Gesinnung. Die Macht des Mammon wird dadurch nicht im Geringsten erschüttert, weil ja äußerlich heutzutage keiner unabhängig von ihm werden kann. Denn: solange der

Wolf herrscht über die Menschen, müssen sie – und sei es auch mit Widerwillen und Ekel – Schafe im Wolfspelz sein, sonst werden sie selber zerrissen. Eine bittere Wahrheit, über die man sich nicht hinwegtäuschen soll. Die Bemühungen, diesem Wolf „die kalten Kiefer zu klüften", sind meist kurzsichtige Zwecklosigkeiten; sie werden aber mit großem Eifer betrieben, weil man dadurch in die beruhigende Täuschung kommt, dass nun wenigstens „etwas geschieht".

Aus der **Edda** wissen wir, wer allein berufen ist, dem Fenriswolf „die kalten Kiefer zu klüften": Widar ist es, der schweigende Gott, der alle Götter, auch Odin und Loki überlebt. Nur der große Schweiger wird das, Erlösungswerk vollbringen. Wer kein Schweiger ist, kommt also gar nicht in Frage. Danach kann man beurteilen, wer alles nicht in Frage kommt! Der Orden der Ordnung aber, der von Anbeginn war und immer sein wird, der sammelt – wie er es von jeher getan hat – alle Schweigenden und Schaffenden, um sein Hochziel zu erreichen, welches ist: „Der Sieg der hohen Lebensordnung in der Menschheit". Das aber bedeutet auch den Sturz des Mammon, die Vernichtung des Wolfes. Darum schreiten die Schaffenden vom geistigen Adel, erfüllt vom Geist der Ordnung, in stiller folgerichtiger Arbeit vorwärts auf dem Wege zu diesem Hochziel.

Eine der Außenarbeiten aber auf diesem Wege, und die höchstnötige in dieser Zeit, betrifft das Innungswesen im Handwerk. Diesem wieder zu gesundem Leben zu verhelfen, indem es in den Lebenskraftstrom der Ordnung gestellt wird, ist eine ernste Forderung im Geiste der Ordnung. Ihre Erfüllung fällt vorwiegend den altbewährten Handwerksmeistern zu; jede Hilfe, die sie dafür brauchen, muss ihnen werden, und nicht nur im Handwerk selber wären solche Innungen zu schaffen, sondern in allen Berufen. Dafür diene – im Sinne von AR-CHE II – das „Berufswerk-Opfer". Das Wesen dieser Innungen ist wirtschaftliches, vor allem aber geistiges Verschwörertum. Nicht darauf ist der Hauptwert zu legen, die bösen Wirkungen der Mammonsherrschaft, im ewig fruchtlosen Kampf gegen diese Hydra, zu bekämpfen; es soll vielmehr in dem einzelnen Werker selber ein Zustand geschaffen werden, der diese bösen Wirkungen aufhebt, vernichtet und schließlich ganz unmöglich macht. Und das wird sich erfüllen, wenn alle redlichen Werker vom Geiste der kosmischen Lebensordnung erfüllt werden, wenn dieser Geist in ihren Innungen erwacht und wirkt nach dem Bilde des göttlichen Lebens.

Wer aber etwa die Hoffnung verlieren möchte, dass so etwas unter den heutigen Lebensumständen noch möglich sei, der lese noch einmal S. 9 ff.

und bedenke, dass, wenn er dem Mammon mehr Macht zugesteht als seinem eignen lichten Gott, er den erbärmlichen Strohtod sterben wird, weil er diesen Gott ableugnet, der nur dem bis in den Tod treuen Kämpfer die Krone des Lebens geben kann. Nichts ist unmöglich für den, der an den Sieg des Lichtes glaubt, und tut nach seinem Glauben – So soll es sein und werden.

AR-CHE
Tatkunst für die Wagenden - V

Weltverbesserer als Vampyre der Menschheit:

Es ist ein ernstes und trauriges Thema, das ich heute behandeln werde. Wenn ich mich dazu entschlossen habe, so folgte ich den Bitten einiger Freunde, die sich in jener eigenartigen Not befinden, von der wir hören werden. Aber sie alle werden Gewinn haben; denn es wird sich manch tiefer Blick in die Menschenseele öffnen; die dunkelsten und rätselhaftesten Gebiete des menschlichen Seelenlebens werden sich aufhellen. Folgen sie bitte mit der Anteilnahme, die man einer Sache entgegenbringt, die einen selber höchstpersönlich angeht; denn so ist es in der Tat. Es wird ihnen dann, auch das Wichtigste nicht entgehen, das nämlich, was ich mehr andeute als ausführe, weil es eigentlich nur unter vier Augen gesagt werden kann.

I. Seelenerforschung der Geistwecker:

Die zwei Arten von Geistweckern: Schon im Wortlaut meines Themas liegt eine furchtbare Anklage, eine Anklage, die zu heftigem Widerspruch reizen muss; ist sie doch gegen Menschen gerichtet, welche die Welt besser machen wollen, und das ist gewiss ein edles Ziel, das jeder anerkennen muss, der die Welt anders haben möchte, als sie gegenwärtig ist: denn sie kann nur besser werden. Und in diesem Kreise ist schwerlich einer, der mit der Welt und sich zufrieden wäre. Jedenfalls ist das, was ich zu sagen habe, nur für unzufriedene Menschen bestimmt, die auf Wandlung der Dinge, auf Umsturz eingestellt sind und eine bessere Welt wünschen. Darum werden wir einen Weltverbesserer zunächst ernst nehmen, auf ihn hören, ihm Vertrauen entgegenbringen. Also wird jeder die begründete Frage stellen, mit welchem Rechte man denn Misstrauen gegen die Weltverbesserer wecken und sie gar als Vampyre, als Blutsauger bezeichnen dürfe. Ein wenig klärt dies schon die Wahl des Wortes. Das Wort Weltverbesserer hat bei uns keinen ganz reinen Klang; es wird nicht eigentlich das darunter verstanden, was es wörtlich heißt. Man braucht es, wenn man Kritik üben

48

will an der Art, wie solche Menschen die Welt verbessern wollen: man wahrt also einen gewissen Abstand von ihnen. Nun hat aber leider heute fast jeder mit einem Weltverbesserer zu tun, ohne dass er diesen kritischen Standpunkt ihm gegenüber einnähme. Derjenige Weltverbesserer nämlich, dem wir zur Zeit selber anhängen, wird uns immer als eine Ausnahme erscheinen: grade der wird wirklich berufen erscheinen, eine bessere Welt heraufzuführen. Sie werden aber sehr erstaunt sein, wie viele Irrtümer uns in dieser Hinsicht unterlaufen, wenn sie hören, wer alles zu den Weltverbesserern zu rechnen ist. Ich werde die verschiedenen Prägungen schildern. Unter diesen wird jeder seinen Weltverbesserer wiederfinden und wird ihn sehen, wie er wirklich ist. Aber auch den rechten und echten Weltverbesserer will ich schildern. Wenn der, dem man folgt, diesem Bilde gleicht, so darf man ihm Vertrauen schenken.

Da es nun, wie ersichtlich, zwei entgegengesetzte Arten von Weltverbesserern gibt, dürfen wir nicht beide mit einem Namen benennen, der schon von vornherein etwas Ablehnendes enthält. Wir wollen an dessen Stelle ein Wort setzen, das an sich noch kein Werturteil enthält. Es sei das Wort Geistwecker. Wer den göttlichen Geist im Menschen wecken will, der ist ein Geistwecker. Wir haben übrigens ganz besonderen Grund, eine Bezeichnung für die Sache zu wählen, die sowohl ein Plus-Zeichen wie ein Minus-Zeichen verträgt, weil mancher von ihnen sich selber unter den Geistweckern wiederfinden wird, und für seine Person doch gewiss auf das Plus-Zeichen Anspruch machen möchte. Damit gewinnt die Angelegenheit für manchen schon eine persönliche Note. Aber es gibt überhaupt keinen unter uns, den die Sache nicht irgendwie anginge.

Zu den Geistweckern im bösen Sinne rechnen wir die, welche als Auserwählte und Erleuchtete anerkannt sein wollen, und ein Gewerbe aus dem Geistwecken machen. Also z. B. die Wahn-befangenen Heilapostel, die Weltbeglücker, die Heilande, die Christusse, soweit sie als solche gewürdigt werden wollen. Dann die berufsmäßigen Ordensgründer, welche ihre Mitglieder mit Geheimnissen höherer Grade narren, sie ganz zu Werkzeugen ihres Willens machen und dieser Art ein frevelhaftes Spiel mit dem heiligen Sehnen und Suchen der Menschen treiben. Dringt man tiefer ein in diese Orden, so offenbart sich das deutlich; denn im höchsten Grade wahren sie gewöhnlich ein hochverräterisches oder ein unsauberes Geheimnis.

Der Grad der Hörer:

Ich werde sie nun bezüglich ihrer Beziehung zu Geistweckern in 3 Grade einteilen, bzw. sie selber werden sich nach ihren Erlebnissen in einen dieser Grade einordnen. Diese Einteilung ist nützlich für unsere Sache, weil wir danach auch die Geistwecker selber in Beziehung zu diesen Graden finden werden.

Zu einem Grade gehören die, welche mit Geistweckern noch nicht in Fühlung gekommen sind, und zwar aus dem Grunde, weil sie noch nicht in jene besondere Art von Not geraten sind, wo man ihnen mit Naturnotwendigkeit begegnet. Diesen bringen meine Ausführungen den größten Nutzen, obwohl sie sich dabei fast langweilen werden, da ihnen die entsprechende persönliche Erfahrung noch fehlt. Es ist aber eine bekannte Sache, dass man bestenfalls nur dem wirklich helfen kann, der noch keine Hilfe braucht. Kommt er später einmal in die Lage; von der die Rede ist, so erinnert er sich des Gehörten und fühlt sich dann – vielleicht – gewarnt.

Zum nächsten Grade sind die zu rechnen, welche bereits unter dem Einfluss eines Geistweckers stehen oder standen, bewusst oder unbewusst. Deren Unbewusstheit wird sich in volle Bewusstheit umwandeln. Nicht ohne Schreck wird mancher gewahr werden, dass auch er an einen gebunden ist, der zu den geistigen Vampyren gehört. Dieser zweite Grad ist ohne Frage ein höherer Erlebnisgrad, obwohl man zur Zeit noch nicht frei ist. Denn jeder Mensch, der den Weg zu sich selbst, d. h. zu seinem Gott sucht, kommt einmal auf die Ebene, wo die Geistwecker wirken, und begegnet unabwendbar einem derselben. Die Tatsache aber, dass er sich zur Zeit von einem solchen führen lässt, ist noch kein Anzeichen dafür, dass er ihm für immer verfallen sei, ist auch kein Beweis für Willens- und Charakterschwäche. Denn es könnte ja sein, dass er ihm gegenwärtig mit Wissen und Willen folgt, um zu erfahren, ob er und was er Heilsames zu bieten hat. In dem Falle verriete sein Entschluss sogar einen hohen Grad von Mut und Ernst im Suchen nach Licht. Und ganz allgemein: man darf nicht voreilig urteilen, wenn jemand einem religiösen Wahn oder einem okkulten Aberglauben ergeben ist, (was übrigens stets auf den Einfluss eines Geistweckers zurückzuführen ist). Von höherer Warte aus gesehen handelt es sich dabei nicht an sich schon um Irrungen oder Fehler, sondern nur um Stufen, Stufen zur Höhe, unvermeidliche und notwendige. Es ist daher der Fall möglich, dass einer, der zur Zeit anscheinend tief in einem Wahn versunken ist, später bei Weitem unabhängiger und geistig mächtiger ist als einer, der niemals diesem Wahn verfiel, weil seine Vernünftigkeit noch immer größer war als seine innere Not. Die normale Vernünftigkeit gleitet an den großen Gefahren vorüber; dabei entgeht ihr aber der Zuwachs an Kraft, welchen der Sieg über Gefahren verleiht. Es ist eine alte Wahrheit: „Wer nicht drin gestanden hat, der steht auch nicht drüber!" Wer aber durch ist und darüber steht, der hütet sich, von hoffnungslosen Verirrungen des Geistes zu sprechen, weil er selber dringestanden hat und weiß, wie schwer es manchmal ist, sich aus solchen Irrwegen zurückzufinden.

Dieser zweite Grad nimmt unsre besondere Aufmerksamkeit in Anspruch, weil er für jeden Menschen eine große Bedeutung hat. Er birgt nämlich eine Prüfung in sich, die über etwas wahrlich nicht Geringes entscheidet; darüber nämlich, ob der betr. Mensch von Geburt ein Freier oder ein Unfreier ist. Man erkennt hier den geistigen Adel, den geistigen Stammbaum. Der geborene Freie ist der Starke! Er bringt den Löwen-Mut auf, der zu dieser Prüfung nötig ist, welche als die Feuerprobe gelten darf. Er wird mit Sicherheit wieder frei von den Einflüssen des Geistweckers, dem er gefolgt war. Und wenn er frei werden konnte, so ist er ein geborener Freier. Der geborene Unfreie aber ist zu schwach, um von ihm frei werden zu können. Nur in seinem Falle könnte man von einem Irrweg sprechen, und von einem trügerischen Glauben. Aber der Unfreie fühlt sich in der Regel sehr glücklich in dem trügerischen Glauben und will gar nicht von uns gerettet sein.

Es ist möglich, dass auch unter uns einige in diesem Sinne Unfreie sind. Für diese bedaure ich ehrlich, dass sie mich anhören müssen; denn sie müssen sich über meine Ausführungen ärgern, sobald sie merken, dass sie selber und ihr Geistwecker, ihr hochverehrter Meister berührt werden. Das ist leider nicht zu vermeiden; denn es müssen zuerst mit voller Deutlichkeit die geistigen Grundlagen gezeigt werden, auf denen wir in der Hermetischen Hochschule aufbauen. Da wir nun mit dem selben Material arbeiten müssen, aus dem die alten Grundlagen bestanden, so kann es leider nicht ausbleiben, dass wir einen, der diese alten Grundlagen nicht zu verlassen gedenkt, verletzen. Aber es wird ihm ja höchstens dieser eine Vortrag zugemutet werden; er wird danach ganz von selbst wegbleiben. Es kommt in der Hermetischen Hochschule nicht auf die große Zahl an, sondern nur auf die Trieb- und Spannkraft jedes einzelnen. Freilich werden auch die zur Freiheit Geborenen, welche zur Zeit noch einem Geistwecker anhängen, nicht grade erfreut sein, wenn sie merken, wie sie von ihm genarrt wurden. Aber diese Erkenntnis wird ihnen dann doch wohl zu einer befreienden Ent-Täuschung werden und kann ihnen helfen, ihre Feuerprobe schneller zu bestehen, d. h. schneller diesen Geistwecker-Vampyr zu bezwingen. Sie werden vieles hören, was sie längst ahnten, aber sich noch nicht recht eingestehen wollten. So kann es kommen, dass sie plötzlich ihre volle Freiheit wieder erlangen.

Schließlich gibt es noch einen dritten Erlebnisgrad in Bezug auf Geistwecker. Zu diesem gehören nur diejenigen, welche die Feuerprobe bereits bestanden haben, das heißt den Kampf mit dem Geistwecker-Vampyr aufgenommen und siegreich zu Ende geführt haben. Es ist ein Kampf – wahr und wörtlich – auf Leben und Tod. Diese haben ganz gewiss die größte Freude an meinen Klärungen, weil sie jedes Wort aus eigner Erfahrung bestätigen können.

Der Grad der Geistwecker:

Wir beginnen jetzt, die Geistwecker selber in diese Erlebnisse einzuordnen; so lernen wir am besten ihr Wesen kennen. Soweit sie das Plus-Zeichen tragen, finden wir sie im dritten der genannten Grade. Menschen, welche diese Feuerprobe bestanden haben, werden in späteren Jahren sämtlich würdige und berufene Geistwecker. Jeder wird es, der in der Hochschule des Lebens gelernt hat. Soweit sie das Minus-Zeichen tragen, muss man sie im zweiten der Grade suchen. Das wollen wir jetzt tun, damit wir ihren Seelenzustand und die dämonische Triebkraft verstehen lernen, die sie zwingt und völlig bindet.

Zum zweiten Erlebnisgrad gehören zunächst alle die, welche man als Suchende im geistigen Sinne bezeichnet; dann auch die, welche schon etwas gefunden haben, denen irgendein Licht entzündet wurde, die aber noch nicht selber zu prüfen vermögen, ob das Licht ein Irrlicht ist, und noch nicht imstande sind, ihr Erlebnis recht zu deuten, eben weil sie noch in Abhängigkeit sind von jenem Geistwecker der ihnen das Licht aufsteckte. Mit anderen Worten: sie haben die Feuerprobe noch vor sich. Diese Probe nun wirkt sich nicht nur in der beschriebenen Art aus; sie kann vielerlei Formen annehmen. Hier fesselt uns nur noch eine andere, weil sie für die Geistwecker selber in Betracht kommt.

Die Prüfung des Geistweckers:

Ich schildere nun die persönliche Prägung des Geistweckers. welche diese besondere Form der Feuerprobe herausfordert. Es gibt Menschen mit einem ausgeprägten Verwertungssinn (Geschäftssinn). Was immer sie lernen, erleben, erwerben, aufnehmen: sie müssen es sofort veräußerlichen, praktisch verwerten, organisieren, Kapital daraus schlagen, Gewinn daraus ziehen. Für sie ist alles Ware, auch das Geistige. Ihr Denken und Trachten ist ganz auf das Materialisieren und auf großartige Aufmachung eingestellt. Wer diese Eigenart besitzt, wird sie in allem, was er betreibt, in Wirkung setzen, auch wenn es sich um geistig-religiöse Dinge handelt; das muss dann immer gleich eine Menschheitserlösung im großen Stil sein. Sie selber erlösen sich dabei nur grade so weit, als unbedingt nötig ist, um das Gebiet rednerisch wie suggestiv vollkommen zu beherrschen. Kaum, dass ihnen etwas Besonderes eingegeben oder zugetragen wurde, bringen sie es sofort nach außen zur Geltung und wirken im großen Maßstabe damit auf andere. Wer in der Astrologie bewandert ist, der wird hier die Prägeform des Zeichens Krebs wiederfinden; unser zweiter Erlebnisgrad steht in diesem Zeichen. Das ist die typische Prägung der Geistwecker; sie kann, wie wir bald hören werden, zu der furchtbarsten Entartung des Egoismus, zum Vampyrismus führen. In Bezug auf alle irdischen Angelegenheiten sind aber solche Anlagen sehr nützlich. Ohne sie gäbe es keinen Erfolg im Leben; die meisten Menschen haben denn auch mehr oder weniger von dieser Anlage. Im Übrigen gibt es für jeden Suchenden eine bestimmte Zeit, wo er in diesem Zeichen steht und ausgeprägt in dessen Sinne wirkt. Es ist ja ein natürlicher Vorgang, dass man von dem, was einen tief beeindruckt, auch reden möchte. Und was könnte einen Menschen tiefer beeindrucken, als wenn sich ihm einmal die Schleier teilen, die das Reich der Himmel dem Auge der Sterblichen verhüllen, wenn der Seele ein wirklicher Lichtblick vergönnt wird. Das ist ein so großes Erlebnis, dass man (zunächst!) schwerlich davon schweigen kann. Bald spürt man den ungeheuren Drang, weittönend davon zu reden, trägt sich mit hohen verstiegenen Gedanken, z. B. eine große Brüderschaft erlöster Menschen zu organisieren und dergleichen; kurz: man ist auf dem besten Wege, selber ein Geistwecker zu werden. Aber man wird es nicht, die Zeit geht vorüber; nur noch im Traume lebt der hohe Wunsch weiter; man geht mit seinem großen Erlebnis nach innen, erfüllt die Aufgaben des zweiten Grades und besteht die Prüfung. So gelangt man in den höheren Grad, wo jeder Anreiz, sich persönlich als Geistwecker wichtig zu machen, verschwunden ist, bis in späteren Jahren der reine strahlende Mensch ersteht, der unbewusst und ohne es zu wissen ein wirklicher Geistwecker wird. Der Trieb dazu regt sich jedenfalls immer viel zu früh; immer zu einer Zeit, wo die Verwirklichung des unendlich hohen Ideals der Menschheitserlösung nur auf schwarzmagischem Wege erzwungen werden könnte und deshalb nur Unheil bringen kann.

Die Meisten schrecken vor den z. T. schaurigen Mitteln der schwarzen Magie zurück. Nicht so die, denen es angeboren ist, alle Werte zu veräußerlichen, anstatt sie innerlich ausreifen zu lassen. Damit sind ihnen Grenzen gesetzt, die sie fast nie durchbrechen können. Das sind die berufsmäßigen Geistwecker. Unrecht tut man ihnen, wenn man sie dafür verantwortlich macht, trotzdem sie schweres Unheil anrichten; denn jeder Mensch hat irgendwo seine Grenzen. Jeder kann nur in seiner Welt ein Meister werden. Und: so fragwürdig und unheilvoll die Meisterschaft der Geistwecker-Vampyre ist: sie ist eine Meisterschaft! Diese Menschen sind also sozusagen für den zweiten Grad geboren; sie werden ihn fast nie erfüllen, werden die Prüfung dieses Grades nie bestehen. Die Prüfung ist für sie, wie schon gesagt, von anderer Art. Niemals natürlich werden sie selber den Einflüssen eines Geistweckers erliegen, weder eines echten noch eines Vampyrs, weil sie bei allem nur den einen Gedanken haben: Wie kann ich mich damit zur Geltung bringen? Wie kann ich meine Macht über Menschen und Dinge erhöhen? Darum treten sie nie in jenen geistigen Kampf mit einem Geistwecker ein, der das Wesen der erst-geschilderten Art der Feuerprobe ist. Höchstens kommt es zum Streit und zur öffentlichen Befehdung, weil der Geistwecker überall geistiges Eigentum raubt, um sich selber damit zur Geltung zu bringen, ohne übrigens sich dieses Raubes bewusst zu werden.

Seine Feuerprobe ist eine andere; sie bezieht sich auf seine Einstellung zu seinen geistigen Erlebnissen. Für Menschen der geschilderten Art besteht die Versuchung, diese geistigen Erlebnisse zum Zweck persönlicher Geltungssucht zu missbrauchen. Während andere dieser Versuchung höchstenfalls vorübergehend erliegen, wird sie für so geartete Menschen unüberwindbar; ja, sie sind außerstande, darin überhaupt eine Prüfung zu sehen.

Das Wesen des Vampyrismus:

Vergegenwärtigen wir uns, wohin das letztes Endes führen muss. Wir wollen nur den äußersten Fall betrachten, wo das Wort Vampyr seine volle Geltung gewinnt.

Was heißt Vampyre? Ein Vampyr ist ein Tier, das lebenden Geschöpfen Blut ansaugt und davon lebt. So nennt man auch einen Menschen, der vom Blute andrer Menschen lebt, einen Vampyr. Unter Blut muss man aber das Wesenhafte des Blutes verstehen; und das ist – Leben; Blut ist der Träger der Lebenskraft. Nicht unmittelbar den Blutsaft saugt der menschliche Vampyr ab, sondern die Lebenskraft; und das wirklich! Die Nerven seiner Opfer werden krank und zerrüttet; die Eigenkraft des Denkens und des Willens wird zermürbt, und mittelbar wird dann auch der Organismus kraftlos und krank. Wie das gemacht wird, hören wir noch.

Aber wie ist es möglich, dass ein Mensch so etwas Furchtbares an einem anderen Menschen vollbringt? Das ist dann möglich, wenn er auf seine göttliche Art verzichtet zugunsten eines Dämons, des Dämons Vampyr.

Es ist von großer Bedeutung für jeden, das Zustandekommen von Vampyrismus kennen zu lernen; denn hier ist der Schlüssel zu tieferen Menschenkenntnis und zur Menschenbewertung: und dieser Schlüssel bietet Schutz gegen die verstecktesten und gefährlichsten Angriffe auf die Willensfreiheit und die Seelenruhe. Der Vampyrismus taucht nicht etwa nur in Beziehung zur Geistweckerei auf. Er ist ein erschreckend weit verbreiteter Zustand. Selbst in den verschiedenen Frauenklöstern herrscht diese Form des Vampyrismus vor, nur wird darüber nicht gesprochen. Astrale Vampyre bedrängen die Nonne auf sexuelle Weise, weswegen viele Insassen druchdrehen. Doch die Menschen gehen leider immer so leichthin über die grässlichsten Erscheinungen hinweg, die sie selber aufs Tiefste angehen. Sie leiden, quälen sich, werden von bösartigen Traumgestalten verfolgt, werden von plötzlichen üblen Launen geplagt, sind anfällig für Kränkeleien, und fragen nicht ein einziges Mal nach der Ursache. Ja, wer wagt denn auch das Kind beim rechten Namen zu nennen? Wer kann es? Wer darf es? Die meisten sind ja selber irgendwie mitschuldig, haben kein ganz reines Gewissen! Wie könnten sie den Vampyrismus nennen und erkennen, da sie doch selber ein wenig Varnpyr sind?! Jeder ist doch eigentlich ein Vampyr, der seine Mitmenschen irgendwie aussaugt zu seinem eigenen Vorteil. Wer das tut, aber nicht zum Vampyr geboren ist, wie jene, die ich schilderte, der wird naturgemäß von manchem bitteren

Leiden befallen, dessen Ursache er sich nicht erklären kann.

Ein Beispiel will ich geben, das unsre Sache weiterführt. Es ist der Wucherer. Dieser ist ein richtiger Vampyr und wird auch als solcher erkannt. Er nutzt die Not der Menschen aus, ohne zu fragen, ob die Not selbstverschuldet ist oder nicht. Er verfügt über das alte, bewundernswert ausgeklügelte, stets wirksame Saugesystem, das mehr oder weniger für das ganze Geldverleih-Wesen Geltung hat. Die Großbanken haben es; die Börse, der Staat, die Steuerbehörde hat es. Und die größte Macht im Staate hat der letzte Vollzugsbeamte, der bedauernswerte Gerichtsvollzieher. In seine Hand legt das feige Gesetz des großen Vampyrs Mammon, der die Welt regiert, die Macht, Existenzen zu vernichten, Haus und Hof und Heim zu rauben und Menschen zur Verzweiflung zu bringen.

Der Anti–ismus:

Ich schalte hier etwas Grundsätzliches ein; nämlich die Bekämpfung böser Zustände mit Worten: etwas über den Anti–ismus. Die Hermetische Denkweise verbietet sich, bei dem Anti u. a. bei dem Anti-Mommonismus stehen zu bleiben, weil der Mammonismus dadurch nicht überwunden wird. Sie hat eine andere Einstellung zu diesem wie zu allen Erscheinungen von Vampyrismus, auch zu dem der Geistwecker. Das System des Vampyrs Mammon ist im schlimmsten Sinne kultur-feindlich und ist deshalb dazu da, dass es von uns überwunden wird, denn unsre Art verlangt, dass wir die Kultur fördern. Es wird aber nur dadurch überwunden, dass es jeder für sie überwindet, und jeder in sich. Jeder einzelne muss den Mammon vor allem in sich selber überwinden, muss aufhören mammonistisch zu denken (!). Dann und dadurch gewinnt er die Kraft, der bösen Wirkungen Herr zu werden, welche dieses System gegen ihn selber heraufführt, und die bösen Absichten zunichte zu machen, welche der Vampyr Mammon gegen ihn hat. Dafür Hilfen und Mittel und Wege zu weisen, ist eine der ersten Aufgaben der Hermetischen Hochschule; es geschieht in allem, was vorgebracht wird, teils unmittelbar, teils mittelbar. Wenn es dann erreicht ist dass eine ausreichende Anzahl Menschen so stark geworden ist, dass der Vampyr Mammon keine Macht mehr über sie hat, dann stirbt dieser Vampyr ab; denn er lebt nur von dem Blute, von der Nerven- und Lebenskraft derer, welche Furcht vor ihm haben; nur diese leiden unter seiner Herrschaft. Unsre wichtigste Aufgabe ist daher, die Furcht überwinden zu lehren. Auch dieser Vortrag hat keinen anderen Zweck, als von der Furcht vor einem Vampyr und seiner Macht zu heilen, indem ich die Erkenntnishilfen gebe, welche sein Wesen enthüllen und die Menschen aus seinem Banne lösen können.

Die Saugenden und die Strahlenden:

Da wir von Vampyren sprechen, wollen wir auch vom Gegenteil sprechen. Man kann die Menschen einteilen in Saugende und Strahlende. Die einen rauben ihren Mitmenschen stets etwas, meist ohne es selbst zu wissen, mehr triebhaft, selten mit bewusst bösem Willen. Die anderen sind gebende, strahlende Menschen; und die am meisten zu geben haben, tun es unbewusst; das Geben und Strahlen ist ihr Wesen, ihre Natur geworden. Davon hat jeder Erfahrung. Oft empfinden wir nach dem Beisammensein oder Gespräch mit einem Menschen eine unbehagliche Ermüdung, Erschlaffung, Unlust; sind unbeherrscht, nervös und schlechter Laune. Man kann sich das nicht recht erklären, weil das Gespräch und Beisammensein selber keinen Grund dazu gegeben zu haben braucht. Und nach jedem Zusammensein mit dem betreffenden Menschen folgt dieselbe Ermattung dieses Gefühl des Ausgesaugtseins. Also ist (man kommt darauf in der Regel erst spät oder gar nicht) das Wesen dieses Menschen die Ursache. In der Tat: er hat danach immer die Kraft, die uns fehlt; er hat sie uns abgesaugt. Dabei mag er anregend, liebenswürdig erscheinen, gefällig und freundlich sein. Ein anderer dagegen zeigt vielleicht weniger Freundlichkeit, ist still und zurückhaltend, aber nach einem Zusammensein mit ihm fühlt man sich auffallend frisch, guter Laune und unternehmungsfroh. Das war ein strahlender Mensch! Er gab uns Kraft. Darum verdient er unsren ungesprochenen Dank und unser Vertrauen. Gegen den ersten aber müssen wir uns wehren. Was das Strahlen betrifft, so ist es in dem hier gemeinten Sinne keinem angeboren. Es ist die Folge eines selbst errungenen Zustandes. Gewiss gibt es viele, die stets Sonne, Frohsinn, Freude um sich verbreiten, alle Dinge leicht nehmen, in allem etwas Gutes entdecken. Diese sind allgemein gern gesehen, weil auch sie in gewissem Sinne Strahlende sind. Aber es ist hier wie immer: „Was du ererbt von deinen Vätern hast: erwirb es, um es zu besitzen!" Erst muss solch ein von Natur heiterer, sonniger Mensch in schweres Unglück und in große Not geraten. Dann erst wird sich zeigen, ob er wirklich besitzt, was er ererbt, von Geburt an hat. Gar mancher von ihnen versagt dann. Sein Seelen-Instrument ist auf Glück abgestimmt, er kann dessen Wohlklang nicht auch im Unglück wahren. So kann es kommen, dass diese von Natur strahlenden Menschen nun Saugende werden. Der wahrhaft Strahlende Mensch dagegen kann nie ein Saugender werden; denn er ist stets Herr über Erdenleid; er ist ein Leid-Gekrönter.

Was aber die Saugenden betrifft, so ist manchem der Hang zum Rauben und Saugen als unbewusster Trieb angeboren; sie müssen von andrer Menschen Kraft leben. Dieses Verhängnis abzuwehren, ist ihnen unmöglich; der Hang zum Vampyrismus gehört zu ihr Wesen, und sie sind solange unzufrieden mit sich, bis sie einen Rahmen gefunden haben, in welchem sie diesen befriedigen können. Sie tun es dann mit solcher Virtuosität, dass kein Mensch, dem nicht schon der Blick dafür geschärft wurde, sie für Vampyr halten wird, zumal sie selber sich über ihren Zustand niemals klar sind.

Entwicklung des vorgeprägten Vampyrs:

Wie wird nun ein derart vorbereiteter Mensch zu einem geistigen Vampyr? Jeder der aus dem Geistwecken ein Gewerbe macht, hat einmal ein außerordentliches inneres Erlebnis gehabt; z. B. eine religiöse Offenbarung in mystischer Ekstase oder im bedeutenden Traum. Die deutet er sich als Wahrzeichen für seine göttliche Berufung. Dann fühlt er sich als ein Erlöster, Erleuchteter, Auserwählter, und organisiert nun sein Erlösungswerk an der Menschheit. Das Erste und Wichtigste ist ihm, dass seine Person in den Mittelpunkt kommt, und dass keiner ohne ihn seine Erlösung finden darf. Selten freilich ist er so kühn, dies gradheraus zu verkünden. Fast immer nennt er sich in Demut: das Werkzeug eines Höheren und sagt, dass Gott oder Christus oder ein anderer der Größten durch seinen Mund zu den Menschen spricht. Diese demutsvolle Gebärde ist immer wirksam und zugkräftig. Sie täuscht die meisten über das wahre Wesen dieses Geistweckers; er ist der Wolf im Schafspelz. Er selber glaubt daran; in Wirklichkeit ist´s ein frommer Wahn, der aber sehr zweckmäßig erscheint, da er letzten Endes den Geistwecker selber zu einem Gott erheben soll; und das ist ja nötig! Andernfalls dürfte er nicht unbedingte Anerkennung für seine Worte verlangen. Diese wird ihm von Seiten seiner Gläubiger auch zuteil: umso leichter als er stets Dinge sagt, die an sich recht beherzigenswert sind. Den Tropfen Gift dagegen, den sein Dämon allem beimischt, den entdecken seine Gläubigen nicht. Es ist ein Betäubungsgift, welches die Urteilskraft lähmt. Sein letztes Ziel ist, dass ihm alle Welt dankbar anbetend zu Füssen sinke. Ob er dieses Ziel sich eingesteht oder nicht: er ist auf dem graden Wege dahin.

Vampyrismus, die ärgste Entartung des Egoismus:

Nun wollen wir einmal diesen ungeheuerlichen Egoismus beleuchten. Er ist aufs engste verknüpft mit jener Prüfung, die ein Mensch bestehen muss, der den Trieb erwachen fühlt, ein Geistwecker zu werden. Es ist, wie schon gesagt, etwas Natürliches, wenn man das, was einem selber wertvoll und heilsam wurde, anderen mitteilen möchte. Das tut fast jeder und ist darum noch kein saugender Geistwecker. Immerhin: er steht an der Schwelle. Denn die Gefahr, sich mit seinen Offenbarungen und Erlebnissen persönlich wichtig zu machen, besteht von vornherein. Sehr schnell dünkt man sich den andren Menschen überlegen und auserwählt vor ihnen. Diese Schwelle zum geistigen Vampyrismus mag wohl mancher von Ihnen an sich selbst erlebt haben. Solange man aber noch nicht dem Gedanken nachhängt, die anderen unter seinen Willen zwingen zu wollen, ist man noch kein saugender Vampyr. Die Meisten kommen nicht in diese Gefahr. Sie bestehen darum jene Prüfung leicht. Anders die, welche zum geistigen Vampyrismus geboren sind. Wenn denen solche Offenbarung zuteil wird, dann ist es nicht anders, als ob sofort ein schlafender Dämon in ihnen erwacht. Dieser Dämon ist das Wesenhafte des Hanges zum Vampyrismus. Da diese Menschen stets in völliger Unkenntnis sind über das Dämonenhafte dieses Hanges, so erkennen sie in der Stimme ihres Dämons die Stimme Gottes: ihres Gottes! Ihr Gott ist es ja wirklich! Einen anderen kennen sie nicht. Er gebärdet sich auch genau wie ein Gott, denn es ist die Eigenart aller Dämonen, dass sie im lichten, heiligen Gewande erscheinen und sich die heiligsten Namen beilegen. (Sie lispeln englisch, wenn sie lügen.) Es kann daher nicht ausbleiben, dass der angehende geistige Vampyr seinen Dämon für Gott hält. Bewusster Betrug liegt meist nicht vor. Für den Tieferschauenden ist folglich der vampyrische Geistwecker ein Besessener. Er ist besessen von dem Dämon des denkbar arg missbrauchten Egoismus, des Vampyrismus.
Was geht nun in dem Menschen vor, von dem dieser Dämon ganz und gar Besitz ergriffen hat? Die göttliche Ordnung in ihm ist meist Zeit seines Lebens, zerstört. Es ist ein erschütternder Anblick, solchen Geistwecker, in seinem Wahn, ein Gottberufener zu sein, fortgesetzt von göttlichen Dingen reden zu hören, und doch zu wissen und zu sehen, dass er unrettbar seinem

Dämon verfallen und ganz von Gott verlassen ist. Bildlich aber auch wahr gesprochen, kann man sagen, dass er seine göttliche Seele verkauft, dem Teufel verschrieben hat. Und das bedeutet: er lebt nicht mehr in der Ordnung des einen, einzigen Gesetzes, das die ganze Welt beherrscht. Er ist aus geschaltet aus dem Hauptkraftstrom des göttlichen Lebens. Während die anderen Menschen ihre Lebenskraft aus dieser unerschöpflichen Quelle erhalten, ist sie ihm verschlossen. Während die anderen mehr oder weniger zu geben haben, muss er von anderer Menschen Kraft leben und saugen. Anstelle der einen hohen Ordnung hat er sich eine Sonderordnung geschaffen, die ihm von seinem Dämon diktiert wird. Diese verlangt, dass er sein Leben dadurch erhält, dass er anderen ihre Lebenskraft absaugt. Er lebt von anderer Blut und Nerven, als ein echter Vampyr.

Denkt man sich die ganze Menschheit als einen großen Organismus, und den Geistwecker-Vampyr als eine Zelle in demselben, so bietet die Krebswucherung einen passenden Vergleich. Dieses Gebilde hat sich ein Sonderleben geschaffen; die krebsbehaftete Zelle lebt und wuchert auf Kosten aller anderen Körperzellen; erst im Geringen, dann im immer weiteren Umkreis wird den Zellen ihre gesunde Lebenskraft entzogen. Nebenbei: wir erkannten in dem vampyrischen Geistwecker die Prägung des Zeichens Krebse und erkannten den diesem Zeichen entsprechenden Erlebnisgrad als denjenigen, in welchem solcher Vampyrismus allein möglich ist: Ob da wohl ein Zusammenhang besteht? Man kann es bei solchem Menschen beobachten, dass er nicht lange ohne seine schreckliche Nahrung bleiben kann. Findet er längere Zeit keinen Menschen, den er erlösen, das heißt vampyrisieren kann, so verfällt erkörperlich, redet dann sich und anderen ein, er leide an der Not der Menschen, die seine Stimme nicht hören wollen, und webt einen Märtyrerschein um sich. Von Zeit zu Zeit befällt ihn eine schreckliche Unruhe; dann muss er gehen und Opfer suchen und tut das mit ausgesuchter Brutalität. Er lebt also tatsächlich von der Seelen-, Nerven- und Lebenskraft derer, die er zu erlösen meint, und er würde verlöschen, wenn ihm diese Vampyrnahrung gänzlich entzogen würde. Sein Dämon aber erweist sich dankbar für solche Nahrung: er versorgt ihn mit gewaltiger Kraft, macht ihn schön, anziehend, heiligmäßig, gibt seiner Rede Gewalt und seinem Wesen erschütternd-zwingende Macht und lässt ihn über heilige Dinge in eindrucksvollster Form reden; kurz: er täuscht einen Gott in Menschengestalt vor. Wenn dieser Dämon erst einmal von einem Menschen Besitz ergriffen hat, dann ist keine Hoffnung mehr, dass die Prüfung je bestanden wird; er ist dann zeitlebens aus der göttlichen

Ordnung herausgeworfen. Während er in der Rolle eines Heilandes unter den Menschen wandelt, treibt er als Dämon einen mehr oder weniger umfangreichen Vampyrismus.

Unbewusster Vampyrismus:

Wir wissen nun, wie der geistige Vampyrismus zustande kommt. So schlimm demzufolge solche Geistwecker wirken, so wollen wir doch noch einmal betonen, dass sie nur in seltenen Fällen bewusste Bösewichte, Täuscher und Lügner sind. Wenigstens zu Anfang nicht. Später müssen sie es (mehr oder weniger bewusst) werden; denn ein Denken und Leben und Streben, das fortgesetzt die Ordnung der Natur durchbricht, muss einmal entarten. Bösewichte sind sie meist nicht; wohl aber sind sie immer Gutwichte; das heißt: sie machen sich mit ihrem Gutsein wichtig, daher es denn kein rechtes Gutsein ist. Und diese Gutwichterei können sie sich unbedenklich leisten, da sie selber an ihr Gutsein und an ihre Heiligkeit glauben; sie kennen eben den Dämon nicht, dem sie verfallen sind.

Gefahr und Segen der Geistwecker-Vampyre:

Und jetzt wollen wir noch ein Wort über die Gefährlichkeit dieser Geistwecker-Vampyre sagen; dadurch erheben sich unsre Klärungen weit über das Maß einer negativen Kritik.
Dieser geistige Vampyrismus ist dazu da, dass er überwunden wird ebenso wie der mammonistische Vampyrismus. Was hilft alles Bekämpfen und Wettern dagegen! Was hilft alle Aufklärung, wenn sie nicht eine wirkliche Klärung ist, also die Kraft einer Erleuchtung in sich hat! Nur enthüllen, ohne die Mittel zu zeigen, wie man des Enthüllten Herr wird, das wäre eines Hermetikers unwürdig. Uns sind diese geistigen Vampyre durchaus nicht etwas, vor denen man Reißaus nehmen soll. Sie sind uns im Gegenteil: ein Geschenk des Himmels, denn sie führen den redlichen Sucher einer Prüfung entgegen, die – wenn bestanden – ihm den Schlüssel zum Himmel seiner Wünsche in die Hand gibt.
Vom geistigen Vampyr gilt, in Anlehnung an ein Wort des Mephisto: „Er ist der Geist, der stets das Böse will (doch hält er das Böse für gut!) und stets das Gute schafft." Er möchte ja wohl wirklich die Menschen erlöst sehen; aber nur unter der Bedingung, dass er selber dies vermittelt. Wenn es ein anderer vollbrächte, würde er behaupten, das sei Lug und Trug. Es ist also

klar, dass er mit dem, was er durchsetzen will, niemals zum wahren Heile verhelfen kann; seine Absicht ist böse, trotzdem sie ihm gut erscheint. Dennoch aber kann er mittelbar, ungewollt, unbewusst zum Erwachen des göttlichen Geistes im Menschen beitragen. Bei den Schwachen und Unreifen freilich ist das nicht möglich. Diese kommen aus seinem Bann nicht wieder heraus und erleben eine Ersatz-Erlösung von Geistweckers-gnaden. Die Starken dagegen, welche zur Freiheit berufen sind, kann er nicht dauernd in seinen Bann zwingen; sie durchschauen eines Tages seinen frevelhaften Egoismus und dann hebt der große Kampf mit diesem Dämon Vampyr an. Ein furchtbarer Kampf; denn der Geistwecker kämpft um sein Vampyrleben; und der Freie kämpft um sein göttliches Leben, das er nicht einem Menschen unterordnen und nicht einem Menschen verdanken will. Besteht er diesen Kampf – es ist jene Feuerprobe, von der ich zu Anfang sprach – dann hat er etwas Großes und Heilvolles für sich gewonnen. Er hat sich dann seine göttliche Freiheit, zu der er berufen war, in heiligem Kampfe, zu eigen errungen. Und das dankt er diesem Vampyr, weil er ihn bezwang! So hat dieser böse Geist das Höchste und Beste vermittelt, was einem Menschen werden kann; aber ganz gegen dessen Willen; denn er selber liegt dann am Boden. Wie nützlich, wie förderlich sind darum die großen Widerstände und alles Böse, was auf der Welt ist! Nur im steten, freudig-starkem Kampf können wir die ersehnte Erlösung finden und in den Himmel unsrer Wünsche eingehen.

II.
Gebaren und Wirken der Geistwecker:

Die rechte Art des Geistweckens. Der erste Teil meiner Vorlesung diente der Seelen-Erforschung der Geistwecker; der zweite Teil soll von ihrem Gebaren und ihrem Wirken handeln.
Zuerst wollen wir jetzt hören, wie sich das Wecken des Geistes in gesunder und heilsamer Weise vollziehen kann, mit und ohne die Hilfe eines Geistweckers. Vor allem kann es nie gewaltsam, nie unter dem Zwange eines anderen Menschen geschehen; denn: (Nescitis qua hora Dominus veniet): „Ihr wisst nicht zu welcher Stunde der Herr kommen wird." So steht in dem Evangelium: und das bedeutet: niemand weiß, wann sein Geist die Erleuchtung erleben wird. Es wird gewiss zu einer Stunde sein, wo er es am wenigsten erwartet, mit ganz anderen Dingen beschäftigt ist. Dem St. Hubertus z. B. kam die Erleuchtung auf der Jagd. Man mag den Vorgang

vergleichen mit einem Keim, der im dunklen Schoss der Erde die Hülle des Samenkorns gesprengt hat und plötzlich das Erdreich durchbricht und zum ersten Mal das Licht der Sonne sieht. In einem Weihebrauch eines Ordens heißt es in diesem Bezug: „Kein Mensch und Meister kann dich erleuchten. Kommt deine Stunde, dann wirst du dein eigner Mittler sein. Darum: tue dein Werk und harre geduldig. Lass in dir reifen, was da reifen will; aber dulde nicht, dass ein anderer einbricht in dein Heiligtum und dein heiliges Werden vergewaltigt, zerpflückt, vergiftet." In der Tat: das Einzige, was von außen geschehen kann, ist, dass die Seele den empfangsbereiten Zustand in sich schaffe.

In jedem Augenblick und überall sind wir umflutet von jenem Unsagbaren, das uns die Quellen zu allem Ersehnten erschließen kann; aber, wie Faust sagt: „Dein Sinn ist zu; dein Herz ist tot!" Darum ist das eine gut und sollte gelernt werden: Sinne und Herz öffnen, weit öffnen zum Empfang des Höchst-Ersehnten.

Dafür helfen wohl auch andere Menschen; aber, wenn sie wirklich geholfen haben, so wissen sie es nicht. Das brauchen auch keine Geistwecker oder überhaupt geistige Menschen sein. Eine achtlose Bemerkung eines ganz nebensächlichen Menschen, anscheinend ohne Beziehung zu der Sache, kann jenes eine Wort enthalten, das den Keim durchbrechen lässt und die Erleuchtung bringt. Aber nie kann es geschehen, dass ein Mensch einen anderen mit Bewusstsein erleuchte. Sobald Bewusstsein, Absicht, guter Wille im Spiel ist, zuckt der zarte Keim unter die schützende Decke zurück. Wahre Geistwecker, Helfer und Mittler sind deshalb nur die strahlenden Menschen, wie wir sie beschrieben haben. Ihre Gedanken beschäftigen sich nie mehr damit, wie sie selber wohl die Welt verbessern und die Menschen wecken und erlösen könnten. Alles aber, was sie denken und tun, hilft unbewusst dazu, denn sie brauchen sich nur geben, wie sie geworden sind; so schaffen sie Ordnung und Gesundheit überall, heilen Geist, Seele und Körper, weil sie selber geordnet, gesund und heil geworden sind.

Die schlimme Art des Geistweckens:

In argem Gegensatz dazu zeigt sich der vampyrische Geistwecker. Für das stille organische Wachsen hat er kein Verständnis. Die Stunde, da der Herr kommen wird, ist nach seiner Auffassung gekommen, wenn er kommt. Und so benimmt er sich. Er tritt sofort mit der Behauptung auf, dass jetzt deine Stunde gekommen sei, sucht dir eindringlich zu beweisen, dass er der gottberufene Mittler deiner Erleuchtung sei, und greift alsbald gewaltsam in deine natürliche geistige Entwicklung ein, zerrt den zarten Keim gewaltsam heraus und bildet sich und dir ein, dass er damit das Erlösungswerk an dir vollbracht habe. Er macht es also wie die Kinder, die Radieschen gesät haben und das Pflänzchen jeden Tag herausziehen, um zu sehen, wie weit es gewachsen ist. Die natürliche Folge ist, dass es verkümmert. So ähnlich ergeht es auch dir. Zwar verkümmert nicht das Göttliche, das in dir ruht, aber es hüllt sich ein und bleibt dir ferner denn je, solange du dich einem Geistwecker anvertraust. Denn er weckt ja nicht, was in dir ruht, sondern er pflanzt dir etwas ein, was in ihm ist. Unter der Behandlung eines Geistweckers erlebst du also nicht deinen Gott, sondern ihn, den Geistwecker selber, als Gott und Heiland und gerätst in völlige Abhängigkeit von dem höchst fehlbaren Menschen und seiner Person. Es ist für ihn nicht schwer, das Urteilsvermögen seines gläubigen Schülers soweit zu umnebeln, dass dieser den Erlöser nur noch in der Person des Geistweckers sieht; denn er hat ja wirklich eine Erleuchtung erlebt, und was er lehrt, hat immer etwas vom Kern der Wahrheit.

Das äußere Gebaren der Geistwecker:

Was sind das nun für Menschen, diese Geistwecker? Wir wollen sie uns einmal von außen ansehen. Niemand kann sie übersehen; denn sie fallen auf, und wollen auffallen. Durch irgendeine Merkwürdigkeit wollen sie sich von anderen Menschen unterscheiden und die Aufmerksamkeit auf sich lenken. Während sie sich den Menschen nicht ungern zeigen, hüllen sie sich in eine geheimnisvolle Wolke und gebärden sich unnahbar. Sie arbeiten mit dem Zauber des unerfüllten Wunsches und der Spannung. Ihr Bild soll wirken wie eine Reklame, die sich schließlich auch dem Gleichgültigsten einprägt; man sieht diese und man sieht sie nicht; da sie einem aber immer wieder vor Augen kommt, fühlt man sich am Ende doch einmal gereizt, das Angepriesene kennen zu lernen. Ähnlich gewährt es vielen eine prickelnde Befriedigung, wenn sie eines Tages mit solchem Wundermann in persönliche Berührung kommen. Selbst wenn sie ihn nur wunderlich, ja komisch fänden: der Bann wirkt doch schon; sie helfen, ihn berühmt zu machen, gleichviel, ob sie für ihn oder gegen ihn reden.
Ein gesunder Trieb sagt uns, dass wir uns fern zu halten haben von Männern, welche den üblen Geruch der Heiligkeit um sich verbreiten wollen. Vielleicht lernen wir manches Beachtenswerte von ihnen, aber wir

bleiben gewarnt; denn: Wer bewusst Reklame für sich treibt, der hat es nötig! Es sind ja die Waren, für die am meisten Reklame gemacht wird, durchaus nicht immer die besten.

Ihre Sonderbarkeiten:

Jetzt wollen wir die Sonderbarkeiten der Geistwecker betrachten; sie sind von sehr verschiedener Art. Dieser gefällt sich z. B. darin, das Überglück seines erlösten (?) Zustandes in großen strahlenden Kinderaugen leuchten zu lassen. Wenn er dich anblickt, und du wehrst dich nicht, so ist dir, als ob Sonne in dein Herz strahle, und als ob deine Seele offen vor ihm liege. Irre dich nicht; er ist ein schlechter Seelenkenner. Du kannst es erproben, indem du ihm z. B. eine Schwäche eingestehst, die du gar nicht hast. Er merkt es nicht, dass du ihn täuscht, wird vielmehr ernstlich an dir arbeiten, dass du diese Schwäche los wirst. Er weiß von dir nichts anderes, als was du ihm selber verraten hast, oft ohne es zu wissen, unter dem Zwange seines Blicks oder seines gewinnenden Wesens. Also halte ihn nicht für allwissend! Staune nicht, wenn er dir deine tiefverborgene Sehnsucht oder Schwäche enthüllt und dich damit im Innersten packt. Du selbst bist es gewesen, der sie ihm im Dämmerzustand der Seele anvertraut hatte! Darum verbiete dir das Staunen! Liefere ihm nicht deine freie Urteilskraft aus! Ein anderer Geistwecker legt milde Schwermut und weinendes Erbarmen in Blick und Gebaren, und reizt durch blasses Asketentum und Weltabgewandtheit. Lass ihn laufen, er ist nicht gesund.
Ein dritter erscheint als großer Magier, umgibt sich mit Geheimnissen, mystifiziert, nützt also die Unerfahrenheit seiner Gläubigen aus, um diese in seinen Bann zu zwingen. Er fantasiert oder lügt viel.

Vom Wundertun:

Da sie alle große Wundertäter sind, ist hier ein Wort vom Wundertun am Platze. Es gibt ohne allen Zweifel Wunderheilungen. Schon der Heilmagnetiseur (Stromkraftheiler) vollbringt täglich in gewissem Sinne Wunder. Die Heiligen der Kirche, viele Eremiten und Mönche vollbrachten und vollbringen Wunder. Die Yogis leisten über die Maßen Erstaunliches. Auch Christus vollbrachte, wenn auch ungern, sinnfällige Wunder. Jeder aber, der dieses oder jenes Wunder vollbringen konnte, wird nicht sich groß damit machen dürfen; denn er muss wissen, dass er selber das Wunder nicht vollbringen kann, dass er nur vorhandene Naturkräfte ausnutzt, deren Wesen er nicht kennt. Er wird sich also beugen vor dem Unerforschlichen und wird nicht dulden, dass die Menschen ihn selber wegen dieser Wunder verehren; ja, er wird eine Scheu haben, dass sie bekannt werden. Es hatte seinen guten Grund, dass Christus, wenn er ein Wunder vollbracht hatte, seine Jünger bat: „Sagt es nicht weiter!", und ungehalten war, wenn ihm die Menschen wegen seiner Wunderheilungen nachliefen. (Wenn ihr nicht Zeichen und Wunder seht, so glaubt ihr nicht!) Man sieht daraus, dass er die Wunder gar nicht für notwendig hielt für die Erfüllung seiner Sendung. Ja, man sieht noch mehr daraus: Christus schämte sich seiner Wunder; er schämte sich, Dinge zu tun, die auf einer besonderen Art von Wissen und Kunstfertigkeit beruhen und auch von unvollendeten Menschen vollbracht werden können.

Nicht jeder Wundertäter ist ein Erlöser; wohl aber kann jeder Erlöste Wunder tun. Erlöst aber ist, wer die Feuerprobe bestanden hat. Da nun die Geistwecker, wie wir hörten, die Feuerprobe nicht bestanden haben, so sind sie nicht Erlöste und haben, sofern sie Wunder tun können, eine falsche Einstellung dazu. Stets legen sie grade darauf besonderen Wert, benutzen ihre Wundertaten als Werbemittel, reden den Menschen ein, dass dies eine Gabe ihres erlösten Zustandes sei und rühmen sich mit deutlicher Gebärde der göttlichen Gnade. Nimmermehr könnten sie wünschen, es möchte nicht bekannt werden, dass sie Wunder tun. Im Gegenteil: je mehr die Menschen darüber staunen, umso mehr Nahrung bekommt ihr Vampyr. Dann gibt es andere, die geben sich die Haltung, als verschmähten sie es, Wunder zu tun, und erwecken den Eindruck, als ob sie sozusagen darüber hinaus seien. Aber das ist eine Fälschung. Sie sind dann gar nicht imstande, Wunder zu tun. Diesen Füchsen hängen einfach die Trauben zu hoch. Denn sie sind nicht Erlöste. Der Erlöste tut ungewollt und unbewusst Wunder; und selbst ein Christus ist nicht imstande, Wunder nicht zu tun; sie sind eine naturnotwendige Folge seines Zustandes; und die sinnfälligen Heilwunder vollbrachte er einfach deshalb, weil ihn Krankheit in seiner Nähe störte. Außer diesen gibt es aber „das" Wunder; nämlich das Wunder der geistigen Erleuchtung. Dieses sieht und spürt kein anderer wie der, der es an sich erlebt; es ist nicht sinnfällig.

Nun könnte es ja sein, dass ein Geistwecker zur rechten Stunde das rechte Wort spricht, welches das Wunder der Erleuchtung vermittelt; aber er selber hat wahrhaftig kein Verdienst daran; denn er spräche dieses Wort unbewusst, und jeder andere könnte es ebenso sprechen. Christus selber hat nur einem einzigen Menschen dieses hohe Wunder vermitteln können dem Johannes, dem Evangelisten; und ebenfalls, ohne es zu wissen. Johannes hat ja erst als 90-jähriger Greis sein Evangelium geschrieben. Man kann daraus schließen, dass die eigentliche Erleuchtung bei Johannes erst viel später eintrat, nachdem seine Liebe zur Person des Meisters und der persönliche Einfluss gegenstandslos geworden war.

Der Fanatiker:

Wir betrachten uns jetzt noch eine weitere Art des Geistweckers. Er hat den Flammenblick des Fanatikers und sein Fach ist: donnernde Bekehrungs- und Bußreden. Er ist brutal-rücksichtslos und überlaut. Alle Einwendungen der Vernünftigen schreit er nieder und behält nur deshalb immer recht, weil in seiner Gegenwart kein Mensch zum klaren Denken kommen kann, und der Versuch, ihn zu überschreien, schon aus physischer Unmöglichkeit aufgegeben wird. Seine stürmischen Dauerausbrüche tragen jedoch eine überströmende Menschenliebe zur Schau; aber jene unnatürliche und unmögliche Allerweltsliebe, gegen die sich Christus streng verwahrt, die aber trotzdem die Grundlage der christlichen Kirchen wie auch der internationalen Irrlehren geworden ist. Solch ein Geisterwecker ist auch immer für Gemeinsamkeit von Hab und Gut, also für den falschen Kommunismus. Er hat das nötig, weil er keinen ehrlichen Beruf hat, der ihn ernährt. Mehr oder weniger Fanatiker ist übrigens jeder Geistwecker. insofern es ihm stets darauf ankommt, den Willen der Menschen zu zerbrechen und sie zu gefügigen Werkzeugen seines Willens zu machen. Doch versteht er es zu begründen, dass sein Wille Gottes Wille sei. Abwechselnd: durch flammenden Zorn und überströmende Liebe gelingt es ihm, sein Opfer zu entsetzlichen Willensvergewaltigungen zu zwingen, bis es jeden Kampf aufgibt und blind folgt. Wenn dieser Zustand bei dem Opfer erreicht ist, so fühlt es ihn als einen beglückenden; es fühlt sich in eine höhere Welt versetzt, in welcher der Geistwecker wie ein Gott strahlt. Kein Wunder! Lebt doch das Opfer nun ganz von der Gnade des Geistweckers. Furchtbar aber wird der Zustand des Opfers, wenn es einmal an diesem Gott irre wird; wenn ihm eines Tages aus seinem Spiegel Verzweiflung und Wahnsinn entgegengrinst. Dann wandelt sich seine Liebe zu dem Geistwecker in tödlichen Hass. Und wahrlich: kein Hass ist begründeter als dieser. Wir sprechen davon noch einmal, wenn wir uns mit dem Schicksal der Frauen beschäftigen, unter denen die Geistwecker die meisten Opfer haben.

Der Christus-Nachahmer:

Sind schon die bisher beschriebenen Geistwecker meist auf Christus eingestellt, so besonders eine Prägung derselben, die das auch äußerlich erkennen lässt. Bei den schon beschriebenen kann das ebenfalls zu erkennen sein. Man muss überhaupt, wenn man etwa an einen bestimmten Geistwecker denkt, sein Bild aus allen verschiedenen Einzelheiten, die ich gebe, zusammensetzen; denn scharf trennen lassen sich die einzelnen Prägungen nicht.

Da kommt einer daher in Christustracht mit schlichtem langem Haar, mit Sandalen oder barfuß, in härenem Gewande oder in einer abgewandelten Wandervogeltracht. Was bezweckt er wohl damit? Soll man ihn für einen ernsten Verehrer und Anhänger Christi halten? Das wäre ihm wohl zu wenig. Nein, er will nicht nur ein Christ, er will Christus selber sein. Aber, was immer er sich bei dieser Rolle denkt: es bleibt eben eine Rolle, und jeder klar Blickende durchschaut sofort das Maskenhafte. Im günstigsten Falle ist er von einem frommen Wahn befangen; ein Erfüller Christi ist er gewiss nicht; denn alsdann wäre er auch ein Ursprünglicher und ein Neuschöpfer, in jeder Hinsicht und folglich auch in seiner äußeren Erscheinung. Meiden würde er alles, was an die überlieferte Christus-Erscheinung erinnert. Wer ein Christus ist, der macht keine Christus-Mode und beruft sich nicht auf Christus, sondern auf sich. Ein Christus-Nachahmer ist keinesfalls ein harmloser Narr; denn er verlangt Gefolgschaft für seinen Wahn. Es ist aber auch möglich, dass er ein verlogener Betrüger und Vampyr ist, der ganz genau weiß, warum er diese Rolle wählte.

Wer einem solchen begegnet und einen tieferen Eindruck von ihm empfängt, der warte sieben Jahre. Danach mag er sich ihm nähern, wenn er dann noch Neigung dazu hat.

Dies alles ist unerträglich zu hören für den, der zur Zeit einem Geistwecker anhängt, von ihm erleuchtet zu sein glaubt und auf dessen reine Berufenheit schwört. Er wünscht, zum mindesten diesen einen Geistwecker ausgenommen zu sehen. Ich habe gesagt, wer auszunehmen ist; jedenfalls keiner, der die Merkmale des berufsmäßigen Geistweckers an sich trägt. Diese sind samt und sonders Vampyre, wenn auch zugegeben werden darf, dass sie es in sehr verschiedenem Grade sind. Es ist aber leider überhaupt unmöglich, dass uns ein derzeitiger Anhänger eines Geistweckers vorurteilslos anhört; denn er denkt doch bei allem, was er hört, an seinen. geliebten Meister und misst alles an dessen Maßstab; eignes Urteil hat er zur Zeit nicht und spräche er mit seinem Meister über das Gehörte, so würde dieser ihn ernstlich warnen, solchen Einbläsereien des Teufels noch fernerhin sein Ohr zu leihen. Das darf uns aber nicht hindern, das eigenartige Gebaren und Wirken der Geistwecker noch weiter zu verfolgen. Wir haben noch von wahrhaft grauenvollen Taten der Geistwecker zu sprechen.

Geistwecker ohne bürgerlichen Beruf:

Wir stellen fest, dass der Geistwecker in der Regel keinen bürgerlichen Beruf hat. Bei unsrer Hochachtung vor dem Werk der Hände muss uns allein dies schon als eine gründliche Verirrung erscheinen. Der Geistwecker erachtet für seine Person den bürgerlichen Beruf, weil er sich zu Höherem berufen fühlt. Sollte er dennoch einen betreiben, so tut er es ohne Hingabe, im Gefühl eines seiner unwürdigen Zwanges. Darum lehrt er, dass seine Anhänger sich himmlischen Lohn erwerben, wenn sie für seinen Lebensunterhalt sorgen.
Diese falsche Stellung zum Broterwerb hat eine armselig-niedere Ursache. Manchmal hat er überhaupt nichts Rechtes gelernt, das ihn ernähren könnte; immer aber ist er zu faul dazu, wie andere Sterbliche sein Brot zu erarbeiten. Er macht also aus seiner Unfähigkeit oder Unwilligkeit eine Tugend. Gesinnungstark bekämpft er stets in glänzender Rede den Mammon. Sein stilles Streben aber geht dahin, recht reichlich vom Mammon gesegnet zu werden, weil er natürlich seinem Welterlösungs-gedanken möglichst weiten Umfang verschaffen will. Er verachtet die Schätze dieser Welt, trägt Armut an irdischem Besitz zur Schau, aber er bemüht sich vorwiegend um wohlhabende oder gebefreudige Leute. Deren Besitz verachtet er durchaus nicht und macht die größten Anstrengungen, grade die Wohlhabenden für seine Idee zu gewinnen, selbst dann, wenn er vorher weiß, dass sie gar nicht für solche Geistigkeit geschaffen sind. Kurz also: er saugt sie auch in dieser Hinsicht gründlich aus. Mithin ist gar keine Rede davon, dass er Herr über den Mammon sei. Ein Geistwecker der wirklich Herr über den Mammon wäre, würde nur für die Best-Vorbereiteten leben und für diese alles, alle Kraft, alle Habe, ja selbst sein Leben einsetzen, auch wenn sie an irdischem Besitz die Ärmsten wären.

Nur dieser dürfte die Worte Christi, welche von allen Geistweckern missbraucht werden, auf sich beziehen: „Sorgt nicht für das morgen ... Trachtet am ersten nach dem Reiche Gottes und nach seiner Gerechtigkeit, so wird euch solches alles zufallen"; und: „Sehet die Vögel unter dem Himmel; sie säen nicht ..." Einem rechten Geistwecker fällt es aber gar nicht ein, durch Erinnerung an Worte Christi die Aufmerksamkeit auf seine Person zu lenken. Das tun nur die, die es nötig haben, den Schein eines Gottesgnadentums auf sich zu lenken, um sich von redlicher Arbeit drucken zu können.

Geistwecker als Zerstörer der Ehen:

Der gewerbsmäßige Geistwecker nimmt die Gastfreundschaft ergiebig in Anspruch und gebärdet sich in Häusern, die ihn gut aufgenommen haben, als ob er dort zuhause sei. Er maßt sich Hausherrnrechte an, indem er es fast immer mit der Frau hält, heimlich gegen den Mann. Die unzufrieden Frau ist für solchen Geistwecker besonders empfänglich. Und wenn sie das Gefühl der Unzufriedenheit noch nicht deutlich spürt, so macht er sie unzufrieden, betont die Schwächen des Gatten und dessen Unempfänglichkeit für höhere Geistigkeit. Die Frau soll dem Manne die Empfänglichkeit beibringen. So stört er die Ehen; und der Gatte spürt den Einfluss dieses Gottbegnadeten bald genug an seinen Nerven, an Ehezerwürfnissen und – an seinem Geldbeutel.
Wer so etwas noch nicht selber durchgemacht hat, könnte sagen: da geschieht ihm ganz recht; warum duldet er solchen Mann in seinem Hause; warum schützt er seine Frau nicht vor ihm. Aber das grade ist sehr schwer: einmal weil der Geistwecker durch seine suggestive Kraft solchem Mann überlegen ist; vor allem aber, weil er immer vollkommen das Richtige trifft, wenn er Schwächen und Unzulänglichkeiten aufdeckt. Je ehrlicher also der Mann sich selbst erkennen und seine Schwächen überwinden will, umso aufmerksamer wird er den Geistwecker anhören. Es sind demnach grade die wertvollen Männer, welche auf ihn hören, selbst dann, wenn sie einen persönlichen Widerwillen gegen ihn haben. Und die Frau von ihm frei zu machen, ist aus diesem Grunde besonders schwer: es gelingt schließlich nur mit Gewalt. Aber es muss dem Gatten gelingen, denn sonst kommt namenloses Unheil, das oft genug zu Selbstmorden führt. Gar mancher Geistwecker hat Menschenleben auf dem Gewissen. Über seinen Missbrauch der Frau als Medium seiner Pläne reden wir noch.

Das Asketentum der Geistwecker:

Vielen, wenn auch nicht allen Geistweckern gemeinsam ist ein gewisses Asketentum. Zum Teil ist es ehrlich, zum Teil nur zur Schau getragen. Dazu gehört z. B. vegetarische Ernährung, Rohkost; manchmal nur Getreidekörner und Wasser; dann Enthaltung von Alkohol, Tabak und anderen Anregungsmitteln. Selbstverständlich sind das nicht die Kennzeichen für einen Geistwecker. Viele von ihnen sind durchaus nicht so enthaltsam. Andrerseits sind wir weit entfernt, solche Lebensweise tadeln zu wollen. Hat doch jeder seine Zeit, wo er solche Enthaltsamkeit mit einem gewissen Fanatismus betreibt; und in vernünftiger Weise betrieben ist sie ja in hohem Grade förderlich für die Gesundheit des Körpers wie auch der Seele. Aber wir wissen, dass man nicht mit fanatischer Askese und Kasteiungen das Himmelreich erobern kann. Das reden aber die Geistwecker häufig den Menschen ein. Dies ist jedoch noch nicht das Wesentliche. Das Wesentliche ist die sexuelle Askese. Was davon zu halten ist, müssen wir in diesem Zusammenhang gründlich besprechen.
Jedes Organ verlangt seinen naturgegebenen Gebrauch beim Durchschnittsmenschen, wenn der Organismus in gesundem Gleichgewicht bleiben soll. Solange ein Organ noch nach Betätigung verlangt, muss es sich bestätigen können. Was die geschlechtliche Enthaltsamkeit betrifft, so legen wir dieser zwar eine außerordentliche Bedeutung bei; aber nur zu gewissen Zeiten des Lebens und zu ganz bestimmten Zwecken. Für den Geistwecker ist die sexuelle Askese aber häufig ein gewollter Dauerzustand. Auf gewollt liegt der Ton; denn es gibt einen höheren Zustand, wo sexuelle Askese ein natürlicher Zustand ist, der folglich nicht mehr als ein asketischer und unnatürlicher bezeichnet werden darf. Es handelt sich dabei um eine Ätherisierung der sexuellen Energien.
Sexuelle Askese als Dauerzustand aber ist eine verhängnisvolle Naturwidrigkeit für den ungeschulten Menschen, die sich irgendwie einmal schwer rächt. Im Falle der Geistwecker führt sie unmittelbar zu jener Art von Besessenheit, die wir kennen lernten. Die mächtige Kraft des Sexus ist niemals zu vernichten. Wirkt sie sich nicht in naturgegebener Weise aus, dann sucht sie sich Auswege. Die unnatürlich zurückgehaltene Kraft kommt dann in einer widernatürlichen Weise zum Vorschein. Dabei ist besonders zu bemerken, dass die Auswirkung nicht immer eine körperliche sein muss; sie kann auch nur in der Fantasie bestehen, kann eine seelische oder geistige Widernatürlichkeit sein. Eben dies kommt für die Geistwecker

in Betracht. Ihre Willensvergewaltigungen, die sie mit anderen Menschen vornehmen, sind nichts anderes als seelisch-geistiger Sadismus. Wer ein scharfes Auge hat, merkt es, wie der Vergewaltiger dabei von zitternder Lust erfüllt ist; danach in seliger Kraftvermehrung schwelgt und von berauschender Güte und Liebe überfließt; deutliche Kennzeichen von Sadismus. Sadismus aber ist Vampyrismus. Der Geistwecker kann ohne dem leben. Von Zeit zu Zeit, wenn er sexuelle Hochspannung fühlt, sucht dieser Mann, der das Gelübde der Keuschheit (!) abgelegt hat, irgendeinen widerwärtig unkeuschen Ausgleich. Er sucht ein Opfer, dem er Kraft entziehen kann: Seelenkraft, Willenskraft, Nerven- und Lebenskraft; und mit dieser Kraft saugt er sich voll; davon lebt er.

Der Vorgang ist so: er redet gütig oder gewaltsam auf sein Opfer ein und zwingt es, ihm seinen Willen preiszugeben. Dabei flutet Seelen- und Nervenkraft von dem Opfer zu dem Geistwecker über. Das Opfer spürt dabei kalte (Wonne-) Schauer, der Geistwecker lebendige Wärme. Das Opfer wird ganz erschöpft und müde; der Geistwecker gewinnt an Feuer und Lebenskraft. Hat er derart volle Befriedigung genossen, so wird er gütig, hingebend, liebevoll seinem Opfer gegenüber. Das Opfer empfindet dies als Wohltat und ist von hingebender Dankbarkeit zum Geistwecker erfüllt. Es gibt viele, die das Ausgesaugtwerden lustvoll empfinden; krankhafte Geschöpfe: Masochisten! Sie sehnen sich gradezu nach solcher seelischen Unzucht. Und der Geistwecker macht seine Opfer allmählich zu Masochisten! Eine milde Form davon kommt schon bei einer Kapuzinerpredigt zutage. So mancher fromme Kirchengänger fühlt sich nur gereizt, wenn der Pastor von der Kanzel herab ihm tüchtig den Schweinehund bläst. Auch eine Art von Masochismus! Am liebsten küsst er nachher dem Pastor die Hand. Ob er aber danach seinen Lebenswandel sauberer gestalten wird? Schwerlich. Das ist also eine trüber Abart von Frömmigkeit. Das Bemerkenswerte ist dabei, dass der Geistwecker selber sich völlig im Unklaren über sein Treiben ist und es ganz falsch deutet. Er hält den lustvollen Zustand, in den er dabei gerät, für einen unmittelbar göttlichen Einfluss! Das Gefühl höchster Befriedigung und Krafterfülltheit dünkt ihm der Lohn, den ihm Gott gab, weil er sein Gott wohlgefälliges Werk vollbracht habe. Dass er seinen Glückszustand einem Raube verdankt, kommt ihm nie zum Bewusstsein. Er dient nicht Gott, sondern dem Dämon Vampyr, der von ihm Besitz ergriffen hatte. Seine gänzliche Selbsttäuschung ändert aber an dem Ergebnis nichts; dieses zeigt, dass die Triebkraft nicht rein sein konnte. Es hat doch eine ganz andere Wirkung, wenn man einen Menschen aus dem rechten Geiste heraus zu etwas hat zwingen müssen. Danach fühlt man sich durchaus nicht krafterfüllt, erhaben und selbstgerecht, sondern eher traurig und belastet. Denn die Willensbeugung war eine schmerzliche Notwendigkeit; und man hat damit eine Verantwortung für des anderen Seelenzustand auf sich geladen, die manchmal recht drücken kann. In dem Falle also raubt man nicht, sondern man gibt Kraft ab.

Sexualmagie des Dauerredens:

Ähnlich wie die Willensvergewaltigung ist auch das flammende Dauerreden des Geistweckers eine astral-sexuelle Widernatürlichkeit: eine Kulthandlung im Dienste eines Dämons. Kein Mensch, dessen Sexualleben naturgewollt ist, wäre imstande über geistig-göttliche Dinge stundenlang in fanatischer Begeisterung zu sprechen, wie es der Geistwecker tut. Man darf freilich das begeisterte Dauerreden über Göttliches nicht schon an sich für widernatürlich halten; es kommt immer auf dass „wie" an. Von einem Geistwecker bekommt man nie einen vorbedachten geordneten Vortrag zu hören. Es sind immer ungeordnete Ergüsse, die endlos durcheinanderwogen, zuweilen blitzartig durchleuchtet von einem klaren Gedanken, der aber nicht weitergeführt wird, sondern untergeht in der Überfülle ekstatischer Vibrationen; ein gesunder Mensch wendet sich mit Ekel davon ab. Versucht man danach, einem anderen über solchen Erguss zu berichten, dann zerfließt alles; kaum dass man einen Gedanken noch erfassen kann; und auch der klingt in der Wiedergabe dürftig, sodass der andere gar nicht begreifen kann, was denn eigentlich so Großes an der Sache sein soll. Dann sagt man wohl zur Entschuldigung: man könne das nicht so wiedergeben; er müsse den Mann selber gehört haben. Nun: das eben ist das Kennzeichnende: nur der Mann und sein persönliches Gebaren wirkt! Und nur auf die, welche seiner Suggestionskraft erliegen.
Ich will das Äußerste sagen über diese Art von ekstatischem Dauerreden über heilige göttliche Dinge: das ist geistiger Prohibitismus, schamloser astraler Samenerguss. Sie werden dieses Urteil nicht überspannt finden, wenn sie sich der Empfindungen erinnern, die sie selber einmal beim Anhören solchen Ergusses gehabt haben: körperlicher Ekel und Übelkeit befällt einen dabei; und wer einen empfindlichen Magen hat, der muss ihn entleeren.

III.
Die Opfer der Geistwecker:

Schließlich wollen wir uns mit denen beschäftigen, die dem Einfluss des Geistweckers erliegen. Dabei wird der Vorgang des Vampyrismus erst recht klar zutage treten. Man muss hier einen Unterschied machen zwischen Mann und Frau; denn die Wirkung ist verschieden.

Der Mann, wenn er wirklich Mann ist, setzt sich meist mit vollem Bewusstsein und mit freiem Willen dem Einfluss des Geistweckers aus. Es liegt ihm daran, zu erleben, was dieser etwa zu bieten habe. Er begibt sich also in seine Schule, erfüllt alles, was verlangt wird, lässt es auf sich wirken und prüft, ob es seinem Heile dient. Er lässt nichts unversucht, was ihn fördern könnte. Wo ihm Bereicherung seiner Innenkraft winkt, da versenkt er sich in die Sache und holt daraus, was für ihn zu holen ist. Wenn er auch dabei über Sümpfe gehen müsste und mit manchem Seelengift Bekanntschaft macht: ihm schadet es nichts („Und wenn sie tödliches trinken, wird es ihnen nicht schaden."). Das also ist das Kennzeichen des echten Mannes, der in der Ordnung lebt, dass er nirgends stecken bleib und versinkt. So darf er sich auch einem Geistwecker hingeben; er kommt wieder frei; er wird die Prüfung, von der wir sprachen, in diesem seinen zweiten Erlebnisgrade bestehen.

Viele Männer sind aber, trotz sonstiger Heldenhaftigkeit, keine rechten Männer, wenn es sich um Kämpfe auf der geistigen Ebene handelt. Sie gehen wohl eine Weile den Weg der Ordnung, versinken aber dann irgendwo in einen dogmatischen Irrwahn, völlig und für ihr ganzes Leben. Ihre Unbeeinflussbarkeit, ihr Mannestum hat also Grenzen. Ist diese Grenze erreicht, dann werden sie empfangende Wesen, wie die Frauen, welche nur Weib sind. Sie erliegen einem fremden Einfluss und erleiden dasselbe Schicksal wie diese.

Sprechen wir darum jetzt von der Frau. Es soll nur von den Frauen die Rede sein, die ausgeprägt „Weib" sind; für die anderen gilt dasselbe, was vom echten Mann gesagt wurde. Die Frau empfindet dem Geistwecker gegenüber völlig anders als der Mann. Männliche Ideale sind ihrer Natur als Weib fremd. Sie können ihr zwar eingeredet werden; sie übernimmt sie dann, begeistert sich auch dafür, glaubt dann ebenfalls an Menschheits- beglückung und Menschheitserlösung im Rahmen der Lehre, die sie übernahm. Trotz alledem spielt sie aber doch nur eine Rolle; die Sache ist ihr nicht selber Zweck, sondern nur Mittel zum Zweck. Die Frau sieht in dem Geistwecker vor allem den Mann und die Person. Wenn ihr diese widerwärtig ist, so wird sie sich niemals seinem Einfluss öffnen. Fast alle Geistwecker aber haben eine große Anziehungskraft für Frauen, besonders durch ihre sexuelle Askese! So etwas spürt die Frau sofort; man braucht ihr davon gar nicht erst reden. Und das reizt sie; denn sie ist das urgeprägte empfangende Wesen, das immer „erfüllt" werden will! Hier erlebt sie das in ganz neuer Art. Mag immerhin der Gatte sie physisch ausreichend erfüllen: der Geistwecker erfüllt sie tiefer; denn er befruchtet ihre Seele und ihren Geist. Eine Frau, soweit sie sich als Weib fühlt, ist selig erfüllt von den Dauerergüssen des Geistweckers. Seine Reden können ihr nie lange genug dauern. Sie merkt, dass etwas noch nicht Erlebtes, wunderbar Lustvolles in ihr vorgeht, wenn der Geistwecker in ihrer Gegenwart spricht. Sie wird stets glauben, er spräche nur für sie. In Wirklichkeit vollbringt er eine astrale Massenbefruchtung. Wenn er nun gar noch lehrt, dass solch lustvoller Zustand das Kennzeichen für unmittelbare göttliche Gnade und Erleuchtung sei, wie sollte sie da nicht ganz Hingebung sein! Solche Art Gottesdienst muss ihr wohl gefallen. Zudem werden ihr ja wirklich alle Wünsche ihrer weiblichen Instinkte erfüllt: sie gilt nun als Gottbegnadete und Auserwählte. Ihr Geltungsbedürfnis ist damit in eigenartiger Weise erfüllt. Ebenso auch ihr Machtbedürfnis: sie dünkt sich nun jedem Manne, auch dem eignen Gatten überlegen. Und – kann sich jeder Zeit ihrem Gotte nähern, um lustvoll erfüllt zu werden. Der Geistwecker ist ja ihr Gott. Ja! So wird heutzutage Religion betrieben! Die physische Erfüllung kann sie dabei wohl entbehren, wiewohl auch diese manchmal nicht ausbleibt. Aber nicht dann erst wäre der Ehebruch vollzogen; der war schon vollzogen, als sie sich zum ersten Male den astralen Ergüssen des Geistweckers hingegeben hatte. Solcher Verkehr ist unzweideutig ein astral-sexueller. Der Gatte hat deshalb allen Grund zur Eifersucht und muss den Verkehr der beiden auf jeden Fall zerstören, falls nötig, mit brutalen Mitteln. Wenn er den Mut dazu nicht aufbringt, besteht er die Prüfung nicht, und seine Ehe wird unfehlbar zerstört, und die Gattin geht ihm verloren.

Immer sind die Geistwecker Zerstörer der Ehen, wenn die Frau sich ihrem Einfluss öffnet. Unter dem edlen Vorwande, den Gatten auf eine höhere Stufe zu heben, vertraut der Geistwecker der Frau einige wirksame Machtmittel an gegen ihren Gatten. Lässt dieser sich dadurch beeinflussen, so erliegen alle beide einem gemeinsamen traurigen Schicksal. Wehrt er sich dagegen, so kommt es zu schweren, oft unheilbaren Ehezerwürfnissen;

nicht selten enden sie mit Mordanschlägen oder mit Selbstmord der Frau (vgl. die Geschichte der Fraternitas Saturni. Der Hrsg.). Das ist Beweis genug dafür, dass die Geistweckerei ein unsauberes, zerstörendes Gewerbe ist. Mit furchtbarer Deutlichkeit tritt das zutage, wenn wir das Schicksal der Opfer verfolgen.

Das Opfer als Medium der Geistweckers:

Es handelt sich hier darum, dass das Opfer – in der Regel ist es eine Frau – zum Medium des Geistweckers wird. Nehmen wir den Fall an, dass die Frau noch nicht mit einem anderen Manne verbunden war, mithin auch keine Ehe zerstört werden kann. Da könnte man denken, dass die Erfüllung durch den Geistwecker für die Frau nicht schädlich zu sein braucht; denn von einem Manne muss doch jede Frau einmal ihre geistige Empfängnis und Befruchtung erleben; warum nicht auch von einem berufsmäßigen Geistwecker?

Darum nicht, weil solches Glück ein höchst bedenkliches ist. Schon im Anfang wird sie ein blind folgendes Medium des Geistweckers und entfaltet eine ebenso eifrige wie fragwürdige Tätigkeit. Sie wird auch in aufreibende Kämpfe mit anderen Menschen verwickelt; die gesund Denkenden ziehen sich von ihr zurück, da sie sehen, dass diese Frau von einem Dämon besessen ist. Und das ist besonders auffällig, wenn sie von geistigen und göttlichen Dingen redet und dafür wirbt; denn das steht der Frau nicht an, gehört nicht in ihr Reich. Jeder Mensch merkt, dass ein anderer durch sie spricht; nur sie merkt es nicht. Diese Frau ist fortgesetzt in einem seelischen Dämmerzustande, den der Geistwecker zu erhalten versteht. Sie lebt von seiner Gnade, wie er von ihrer Lebenskraft. Er kann ihr befehlen, was er will; sie wird selig sein, es tun zu dürfen. So leistet sie ihm die wirksamsten Werbedienste. Sie plagt jeden möglichen Menschen mit den empfangenen Ideen und Lehren und gibt sie überall wortwörtlich zum Besten; aus sich schafft sie nicht das Geringste. Ihr eigner Wille ist geknebelt. Bäumt er sich gelegentlich einmal auf, so gibt es eine schreckliche Szene mit dem Geistwecker, die sie zu Tode erschöpft, bis sie kniefällig um Verzeihung bittet. Er hat Besitz ergriffen von ihrem Willen von ihrer Seele, von ihrem Leben. Stößt er sie von sich, so verfällt sie in geistige Umnachtung, begeht Selbstmord oder stirbt an gebrochenem Herzen.

Die Fortpflanzung der Vampyre:

Es gibt noch etwas besonders Grauenvolles dabei, wenn man die dämonische Magie der Sache beachtet. Hier geht nämlich eine wirkliche astrale Empfängnis, Befruchtung und Geburt vor sich. Obwohl es astrale Vorgänge sind, entbehren sie nichts an Greifbarkeit. Dies sei erklärt. Der Geistwecker ist wie wir wissen besessen von dem Dämon Vampyr. Ob er auf die natürliche Geschlechtsbetätigung verzichtet oder nicht, ist gleich; wir meinen hier aber vorwiegend den Sexual-Asketen. Ihm eignet nicht jener hohe Grad, wo das Sexualfluidum ätherisiert und zwanglos ein Homunculus geschaffen werden kann; darum steht er in stetem heftigen Willenskampf gegen die Forderungen seines Sexus. Die gewaltsam zurückgehaltene Zeugungskraft äußert sich stets in ungesunder Weise; hier als brutale Willenskraft. Er hat ein hohes Maß davon; denn er muss seinen Willen aufs äußerste anspannen, um seinen natürlichen Sexualtrieb zu zerstören. Diese selbe hochgespeicherte Willenskraft ist es, die er gegen andere loslässt; mit ihr bändigt und zerstört er den Willen seiner Gläubigen. Dieser Wille ist astrales Sexualfluidum und dieses fließt nun in die Frau ein; sie wird astral befruchtet und – gebiert ein Kind. Ein Kind von Fleisch und Blut! Sie selber gibt ihren Körper, ihr eigen Fleisch und Blut dafür! Sie selber wird das neue Dritte, das Kind! Und sie muss dieses Kind zur Welt bringen, muss also selber etwas Anderes, ein Drittes werden; sonst könnte sie nicht weiterleben, da ja ihr Eigenleben zerstört wurde. Dieses Kind aber ist ein Vampyr! Ist ein Abbild seines Erzeugers, des Geistweckers, und ist, wie er, eine Verkörperung des Dämons Vampyr.
Indem nun die Frau – besessen voll diesem Vampyr – werbend wirkt für den Geistwecker, schafft sie eben so viele neue Vampyre, wie sie dem Geistwecker gläubige Anhänger zuführt. Jeder, der ihm folgt, wird allmählich wie er: ein Vampyr. Er erzieht jeden dazu, indem er ihn zu maß-losestem Egoismus erzieht. Man muss sich das einmal ausmalen; dann wird man verstehen, wie so manche höchst verderbliche Geist-Lehre so gewaltigen Anhang finden konnte. Alle, die solcher Lehre mit Leib und Seele anhängen, haben sich verkauft an diesen Dämon Vampyr. Der ist darum so mächtig geworden, dass er die ganze Welt beherrscht. Ihm dienen nicht minder die Mammonisten und die politischen Irrlehrer wie die Geistwecker und Werber für unselige Dogmen. (Vgl. die Schrift: „Übersinnlicher Intellektualismus.)

Das Freiwerden des Opfers:

Der Dämon Vampyr hat solche Macht, dass er keinen wieder frei gibt, der ihm eine bestimmte Spanne Zeit mit Hingebung diente. Seine Verkörperungen aber (in den Opfern eines echten Geistwecker-Vampyrs) haben so große Macht in der Regel nicht. Die Opfer können alle einmal wieder frei von ihm werden. Das geht dann auf Leben und Tod. Nehmen wir wieder die Frau zum Beispiel.

Ich sagte schon, dass der Geistwecker im Laufe der Zeit bewusst zu unlauteren Mitteln greift, da sich die Natur auf die Dauer nicht vergewaltigen lässt und sein wahres Wesen auf die Dauer nicht verborgen bleiben kann. Er wird allmählich unvorsichtiger, weil er Erfolge hat und seiner Sache sicher zu sein glaubt; bleiben aber die Erfolge allmählich aus, dann greift er unbedenklich auch zu trügerischen Mitteln. Das merkt am ersten natürlich die Frau, welche in alles eingeweiht ist. Sie wird an der Reinheit des Geistweckers etwas irre. Der üble Eindruck solcher Machenschaften geht nicht ganz spurlos an ihr vorüber, trotz der herrlichen Verdrehungen, mit denen er so etwas als gottgewollte Handlungen darzustellen weiß. Im Übrigen ist in seiner Lebensführung stets etwas Lüge. So verblasst im Laufe der Zeit für die Frau der Heiligenschein, den er vor anderen um sich zu weben versteht. Es melden sich Anzeichen des Erwachens bei ihr. Sie wird gelegentlich von Hass – und Rachegefühlen gegen ihn befallen, die sie erschrecken, die sie wie einen teuflischen Einfluss zu bekämpfen versucht. Sie kommen plötzlich, verschwinden aber sofort, wenn sie sich in seine Nähe rettet. Allmählich kommen sie häufiger, und immer klarer. Jetzt glaubt sie nicht mehr an eine teuflische Eingebung und tut nun das Gegenteil: sie meidet ihn. Und nun kommen die furchtbaren Krisen des Erwachens. Selten, leider sehr selten werden sie überstanden von der Frau. Das bedauernswerte Wesen fühlt, wie sich der fremde Dämon, der ganz von ihr Besitz ergriffen hatte, von ihr loslöst. Aber sie findet sich mit ihrer eignen Seele, die so lange in hypnotischer Starre gelegen hatte, noch nicht zurecht. Vorwiegend ist immer ein tödlicher Hass und verzehrendes Rachegefühl gegen den Vampyr ihrer Seele. Immer wieder taucht das Verlangen auf, diesen Vampyr mit eigner Hand zu töten. Aber selbst der wirkliche Versuch dazu misslingt. Denn es ist eine bekannte Erfahrung, dass kein Wesen eine so feine Witterung für Gefahren hat, die seinem Leben drohen, als ein Vampyr. Er weiß sie mit dem sicheren Instinkt den ihm sein Dämon verleiht, abzuwehren. Danach rühmt er sich, dass Gott ihn beschützt habe und fordert die Bewunderung seiner Gläubigen heraus. Er weiß eben aus allem Nutzen für sich zu ziehen. Die arme Frau aber ist meist für ihr Leben zerbrochen, seelisch und geistig krank und begeht, wie schon gesagt, nicht selten Selbstmord – das ist das natürliche Ende dieses Vampyrdramas.

Ein Schlusswort noch über die Männer. Je weniger sie Mann sind, umso ähnlicher ist ihr Schicksal dem beschriebenen. Immer aber taucht auch beim Manne nach bestimmter Zeit ein tödlicher Hass gegen den Vergewaltiger seines Willens auf. Der wird ihn sein ganzes Leben nicht wieder verlassen, selbst wenn er der friedlichste Mensch wäre, denn kein Hass ist so begründet wie dieser; und kein Verbrechen ist schwerer als das, welches ein Geistwecker-Vampyr an einem Menschen begeht, weil er das Heiligste im Menschen, seinen freien Willen, zu bösartig-selbstsüchtigen Zwecken missbraucht.

*

Damit sei das Bild des Geistwecker-Vampyrs abgeschlossen. Wir wissen nun, wes Geistes Kind diese Menschen sind, die von Menschenliebe überfließen, die mit den heiligsten Worten und Werten, mit den reinsten Strebungen der Menschen ein schändliches Spiel treiben und dem Dämon Vampyr massenhaft Opfer zuführen. Aber wir wissen nun auch, wie wir uns gegen sie zu wehren, wie wir sie zu behandeln haben, um sie zu überwinden. Und das soll der Gewinn dieses Vortrages für meine Hörer sein.

Die Gemeinschaft der Strahlenden:

Eines aber mögen Sie alle wohl beachten: Jeder muss einmal diesen Kampf aufnehmen; denn jeder hängt, solange er nicht Sieger in diesem Kampfe wurde, an einer jener Ideen. Lehren und Dogmen, mit denen Vampyr-Geistwecker die Menschheit überfluten. Wer nun in diesen Kampf eintritt, der erfülle sich mit dem einzigen wahrhaft weckenden Geiste. In ihm selber wohnt er, als der unbekannte Gott. Es wird dann sicher nicht ausbleiben, dass dieser Gott durch eines Menschen Mund zu ihm sprich! Dieser Mensch aber wird ein rechter Geistwecker sein: das heißt: Einer der Stillen im Lande, die gar nicht wissen, ob und wie sie helfen, weil ihr ganzes Wesen heilende, ordnende Hilfe ist.

Das sind die Strahlenden. Sie bilden, obwohl sie sich von Person meist gar nicht kennen, eine schweigende und starke geistige Gemeinschaft, deren ganze Kraft jedem Einzelnen verfügbar ist. Mögen Sie alle – das ist mein Herzenswunsch – teilhaben an der Kraft dieser wahrhaft heiligen Gemeinschaft.

*

Wie alle Kündungen der AR-CHE, so ist auch diese nur für erfahrene Lebensringer bestimmt, d. h. für Menschen, die ein symbolisches Lebensalter von 6 x 7 Jahren erreicht haben. Nur diese haben ein eigenes Urteil, weil sich ihr inneres Heldentum bereits in drei harten Prüfungen – bis zu dieser vierten, der Feuerprobe – bewährt hat. Wer diese Kündung etwa als Signal nimmt, um sich von einem ehrlichen deutschen Heilswalter abzuwenden, weil ihm dieser eins oder das andere Kennzeichen eines Geistwecker-Vampyrs zu tragen scheint, der kennt die Not voller Grauen noch nicht, welche der Kampf mit einem Vampyr heraufführt, ein Kampf auf Leben und Tod, im wörtlichen Sinne. Nur diesen wahrhaft Wagenden soll geholfen werden, nicht den feigen selbstgerechten Nörglern, die noch kein Verständnis haben für unseren Leitsatz:

„Erwarte von Anderen: nichts – von dir alles."

Tatkunst für die Wagenden

Von der Rettung der Edlen:

Seit 10 Jahren werden mehr oder weniger geheime Pläne entworfen, um die rassisch und durch Geburtsanlage wertvollen vorm Untergange im Blut- und Hunger-Terror bei der beginnenden Auflösung des deutschen Wirtschafts- und Volksgefüges zu schützen. Hier taucht sofort der Einwand auf, dass es mit der Edelrassigkeit dabei nicht peinlich genommen werden kann, weil zu solchem Plane Geld gehört, und die Geldgeber doch auf je den Fall mitgerettet werden wollen. Es ist aber wichtig zu erfahren, welche Bedeutung diesen Plänen überhaupt zukommt. Das Schicksal derselben ist immer das Gleiche. Sie beginnen mit Furchtwecken vor Rauben und Morden im eignen Bereich, Entwerfen des Rettungsplanes, Werben um Geld zur Ausführung. Die Geldgeber wähnen nun sich und ihren Besitz geschützt. Aber der erwartete Angriff auf diesen erfolgt gar nicht. Ein unerwarteter und schlimmerer erfolgt: unter staatlichem Schutz zerrüttet der Feind Nerven und Besitz der also Genarrten. So rostet der Plan ein. Zwar hofft man, dass seine Stunde noch kommen wird; aber bis sie kommt, wird nichts mehr da sein, was noch zu schützen wäre. Da aber die Furcht um das eigene Leben bleibt, beginnt dieses traurige Spiel von Neuem, wenn ein neuer, scheinbar besserer Plan, mit eindrucksvolleren Schlagworten auftaucht; auch dieser arbeitet jedoch mit denselben, den alten Kampfmitteln und hat immer etwa dies zum Gegenstand: Waffenschutz, Organisierung der Nahrungszufuhr für die Bevorzugten, Sammlung derselben aus den der Vernichtung preisgegebenen Zentren, Kampffront gegen die verführten Massen dieser Zentren. Mit dem allem ist aber ein wirksamer Schutz der Wertvollen nicht erreichbar, abgesehen von der höchst fragwürdigen Auslese dieser Wertvollen. Nicht schützt sie dies z. B.

vor künstlichen, eben gegen sie organisierten Seuchen oder Kostvergiftung mit unnachweisbaren schleichenden Giften. Mit solchen Wahrscheinlichkeiten (!) kann ein Plan nicht rechnen, der nur die alten Kampfmittel kennt. Noch weniger versteht er zu rechnen mit den argen Folgen, welche die (meist einbezogene) Preisgabe von Millionen Menschen zugunsten einer Minderheit für eben diese haben müssen. Zerstörung muss sein, aber das bewusste Werkzeug der Zerstörung wird sein Heil nicht finden.

Solch ein Plan ist ein Versucher, ein Prüfstein auf das echte Edeltum, den neuen Adel. Wer solchen Plan gutheißt, mag zu den Edlen der alten Zeit gehören, zu den Edlen der Rasse der Zukunft gehört er nicht. So wird er, zusammen mit den Unedlen der alten Zeit, untergehen, wenn die neue Sonne aufgeht; er wird leben und dennoch tot sein, tot für seine Sendung als Heilbringer für sein Volk. An seiner Furcht, verstärkt durch die auf sich geladene Schuld, wird der *Feind* ihn packen und ihn, klug und unvermerkt, zu sich herüberziehen. Das wird das Schicksal derer sein, die ausschließlich von der Erhaltung bevorzugter Leibes- und Seelenkörper das Heil der Zukunft unseres Volkes abhängig machen wollen. Dass beides, Körper- wie Seelenadel sich sogar ohne leibliche Nachkommenschaft heilvoll vererben und hinaufentwickeln kann, anderseits aber in den leiblichen Nachkommen entartet, wenn der Stammvater nicht er warb, was er ererbte, das versteht keiner, der Züchtung über Zucht stellt und darum um die Leiber bangen muss. (Vgl.: „Das Buch vom Aufbau").

Ein Plan zum Schutze der Edlen darf nicht im Zeichen der Furcht stehen; denn der Edle ist dadurch gekennzeichnet, dass er geschützt ist und wird, weil er rein seinem Höchsten dient und in jedem Augenblick bereit ist, diesem Höchsten alles ohne Vorbehalt zu opfern, was ihn an die Erde bindet, also auch sein leibliches Leben. Das wird ihn zwar durchaus nicht unempfänglich machen für einen Plan zur Verteidigung von Hab und Gut und Leben; unterstützen aber wird er ihn nur, wenn derselbe im Geiste der Ordnung des Höchsten wirken will. Jeder Plan aber, der Furcht zur Triebfeder hat, ist fern der Ordnung. Überdies ist er stets angreifbar und unvollkommen, erreicht daher sein Ziel nicht, landet sogar meist am anderen Pol.

Im Kampfe gegen Hunger-, Seuchen- und Blut-Terror werden Kampfmittel gleicher Art oft versagen, weil sie der Dämonentücke des Objektes unterliegen, die niemand völlig zwingt, der sich auch nur auf Objekte und materielle Wirkungen verlässt. Das ist schwarze Magie! In dieser aber ist der Feind Meister, und wird es immer bleiben! Mit schwarzmagischen

Mitteln werden wir es nie zur Meisterschaft bringen; er aber wird stets mit diesen Mitteln seine Siege erringen! Die schwarze Magie verurteilen wäre sinnlos; denn zum wenigsten die Elemente derselben sind für jeden Erfolg auf der irdischen Ebene unerlässlich. Wer sie aber bewusst betreibt, muss wissen, dass er dem Teufel mit Beelzebub zu Leibe geht, mit höllischen Kräften arbeitet, folglich die Höllengeister sich geneigt machen muss, und darum für sein Vorhaben jede Konstellation bis ins Kleinste berechnen muss, und auch alles Unvorhersehbare in seine Rechnung einsetzen müsste. Da nun dies unmöglich ist, so wird er stets einen entscheidenden Faktor übersehen; und so ist der Erfolg oft überhaupt fraglich. In diesem Bezug ist sehr lehrreich, was Bulwer in seinem Roman eines schwarzen Magiers: „Eine seltsame Geschichte" am Schluss über den Misserfolg beim Goldmachen erzählt.

Solange Erleuchtungen, Schauungen, Offenbarungen noch am Gängel-bande der Horoskopie, Wahrsagerei und Weissagung laufen, solange also der Deutsche noch mit Dämonen paktiert und dämonologisch denkt, und nicht Nein sagen lernt zu allem, was ihn hemmt, Herr über alle Dämonen zu werden, solange ist er gebunden an das Alte und kommt als geistiger Stammvater der kommenden Rasse nicht in Betracht. Solange ist auch das Kennzeichen des alten Deutschen, nicht überwunden: jenes Mars-Skorpion-betonte Germanentum mit seinem Furor teutonicus („germanische Angriffslust"). So groß und gut die Ideen und Vorstellungen von einem neuen Volk in der neuen Welt der Ordnung und des Rechts sein mögen, sie werden ein Traum bleiben, wenn nicht auch innerlich, im Denken wie im Tun, das Alte gelöst und neu gebunden ist, und der völlige Bruch mit allen Methoden vollzogen ist, die bis her zu Erfolgen und Siegen geführt haben. Dass sie es nicht mehr vermögen, beweist eben den Anbruch eines neuen Zeitalters. Die völlige Auflösung des alten Weltgefüges, die Zertrümmerung der gesamten Kultur-Errungenschaften einiger tausend vornehmlich der letzten 100 Jahre, geht weit tiefer als bis zum sinnlich Wahrnehmbaren. Einige Jahrzehnte lang wird die alte Germanen-Prägung noch ihr Recht behaupten und vorübergehend auch Recht zu behalten scheinen, weil die Vertreter des neuen Geschlechts noch zu dünn gesät sind und erst geboren werden müssen. Wer sich aber von den Lebenden zu ihm gehörig fühlt, der muss sich seines Vorrechts und seiner Pflichten als dessen geistiger Stammvater bewusst sein. Er darf, soweit seines Volkstums Heil in Frage kommt, nicht mehr schwarzmagisch wirken wollen, weil er sich damit stark an die materielle Ebene bindet und derart aufdringliche

Dämonen in seine Aura bannt, dass er für das Neue, das er heraufführen will, verloren ist. Heute sieht er im Geiste die neue Sonne über der neuen Erde; heute spielt er noch in seinen Träumen Schöpfer neuer Gedankenwelten. Wenn diese neue Welt aber – von anderen, nicht von ihm – heraufgeführt wurde, dann wird grade er, der begeisternde Künder und Prophet der Wiederkehr des goldenen Zeitalters, das gelobte Lande nicht sehen, nicht spüren, selbst wenn er mitten in ihm lebte; es sei denn, dass er inzwischen alle Schulden abgetragen hätte, die er an die alte Welt und ihre Denkart hatte; so auch die Schuld eines Denkens, das sich berechtigt hält, andere preiszugeben, um sich zu retten.

Nur dann, wenn das Ideal des Sonnensieges urechten Armanentums mit seiner neuen, nie gewesenen Rasse nicht verquickt wird mit der Furcht und der Sorge, wie man seinen Leib und seine Habe hinüberretten könnte – nur dann, wenn wir wissen, dass wir niemals sterben, weil wir täglich sterben, wird dieses hohe Ideal auf dem besten und schnellsten Wege seiner Verwirklichung entgegenreifen.

Man konnte es in den verflossenen 10 Jahren gelernt haben, dass die alte, vorwiegend martische (marsische) Kampfweise gründlich und immer versagt, seit sie im Weltkrieg 1914-18 versagt hat. Man konnte daraus lernen, dass wir, um – als Einzelpersönlichkeit wie als Volk – dem Untergang zu entgehen, eine neue Kampfweise meistern lernen müssen, die sowohl unserer alten graden und mutigen, wie der verlogenen und feigen Kampfweise des Feindes überlegen ist. Das Wesen dieser neuen Kampfweise blieb auch nicht verborgen; wir lehren sie seit mehr als 20 Jahren und üben sie ständig. Gedanklich anerkannt wird sie auch schon von denen, die ihrer Anlage gemäß Hemmungen haben, sie anzuwenden. Nicht erkannt und missdeutet wird sie nur von denen, die bei allem fragen: „Und wo bleibe ich dabei?" Die die reinste Sache an die zweite Stelle, ihre Persönlichkeit an die erste Stelle rücken und das Geheimnis nicht enthüllten, dass man nur dann alles gewinnt, wenn man sich an die hohe Sache verliert.

Kommen wir zum Schluss auf den Leitgedanken zurück: das Hinüberretten der Edlen über das Chaos, so ist zu sagen, dass der Begriff AR-CHE, wie er in gleichnamiger Schriftenreihe und in der **Wandlung** verlebendigt wird, alles umfasst, was zu diesem Ziele führen kann.

Über die symbolische Aufnahme in die Arche entscheidet kein anderer Mensch; Jeder erwirbt sich selber die Zugehörigkeit durch Erfüllung innerer Voraussetzungen; und diese sind derart, dass sie nur ein geburtlich berufener Edler der neuen Art erfüllen kann, welcher sein hohes Erbe zu erwerben begann; denn nicht das Ererbte an sich macht den Edlen, sondern die Entfaltung und würdige Nutzung desselben, daher denn z. B. ein Horoskop nie die gegenwärtige Sittenhöhe des Betreffenden erkennen lässt, selbst mit Berücksichtigung der Jahresdirektionen nicht. Ebenso wird auch der erlösende Heilswert der – mit dem Begriff AR-CHE eng verbundenen Begriffe des altarischen OPFERS und der heiligen WANDLUNG nur von denen verstanden, die wollen, was sie wissen und können. Abneigung gegen diese Begriffe verrät Unberufenheit, den Zugang zu der neuen Welt der Ordnung und des Rechts zu finden.

Diese nur als Idee wirkende AR-CHE gewährt aber denen, die den Weg zu ihr finden, den von allen ersehnten Schutz wirksamer, als ihn örtliche Zufluchtsstätten bieten könnten, wiewohl deren wirklicher Nutzen nicht verkannt werden darf.

In beiden Fällen, wird dabei an einen „Bund der Gefeiten" gedacht. Über solchem Bunde aber muss eine Kraft walten, die jeglichem dämonischen Angriff wehren kann: durch „Feuer, Wasser, Gift und Dolche" und durch jeden tückischen Zufall; anderenfalls führte er seinen Namen nicht zurecht. Ein Mensch könnte das – und sei er noch so gewaltig an Macht – keinesfalls für alle leisten, die er derart verbündet. Deshalb darf ein Bund der Gefeiten nicht als Körperschaft organisiert werden und kann nicht von einem Menschen geleitet werden; denn nur der Höchste Gott kann ihn leiten, und wird nur diejenigen rufen, die den „Bund mit Gott" neu geschlossen haben und in seiner Ordnung zu leben begannen. Dass dieser rein geistige Bund auch ohne äußerliche Maßnahmen seine Verbündeten schützt und die Zufälle wunderbar zu ihren Gunsten lenkt, konnten diese bereits vielfach bestätigen. Den greifbaren Schutz-Organisationen werden sie deshalb nur Anteil entgegenbringen, wenn dieselben ebenfalls im Geiste der göttlichen Ordnung wirken.

Ist das, aber überhaupt möglich? Kann eine Körperschaft im Geiste der göttlichen Ordnung wirken? Diese Frage rüttelt an den allen Grundfesten des ganzen Körperschafts- und Bundeswesens. Nur vereinzelte Bünde werden nicht aufs schwerste durch solche Fragen betroffen. Aber wir wollen ein Ja auf die Frage hören! Darum schaffen wir die neuen Grundlagen für unser Bundeswesen. Indem wir die 3 Gründe für das Dahinsiechen der Bünde erforschen, werden wir diese Aufgabe lösen können.

1. Bereits im „Buch vom Aufbau" (S. 22) wurde eine der Ursachen für das

Dahinsiechen von Bünden enthüllt. Der Bund setzt bei dem Aufzunehmenden bereits das voraus, was als Zweck und Ziel des Bundes verkündet wird, nämlich gesinnungstreues Bekennen zu bestimmt umgrenzten Ideen und Strebungen. Welcher völkische Heilsbund würde z. B. einen aufnehmen, der für die Materiellen eine Lanze bricht oder auch nur dem Materiellen gerecht werden will? Ein solcher gilt von vornherein als Feind und als für immer verloren für die völkische Sache. Ist der Mann in Art und Wesen von unserer Art, so war er durch besondere Erlebnisse mit Materiellen zu dieser schonenden, in jedem Fall aber einseitigen Meinung gekommen. Wenn sich ein Bund nicht zutraut, selbst ohne große Bekehrungsversuche, allein schon durch sein Dasein und Wesen den Philosemitene aus dem Banne seiner Suggestion zu befreien, dann zeigt er damit, dass er selber gar keine positive Macht gegen den Materialismus hat. Dasselbe gilt bezüglich der Freimaurer; sie sind – ob Materialisten oder Christen, Deutsche oder Ausländer – unterschiedslos verfehmt. Wie sollte das ein rechter Heilsbund sein, der so wenig von dem „heiligen Geist", dem Lichtgeist empfing, dass er nicht einmal Halbschatten zerstreuen, nicht einmal einem deutschgeborenen Freimaurer das wahre Licht zeigen kann! Seine Bundesarbeit erschöpft sich ja in der Abwehr, bleibt negativ und sucht immer wieder nur die Negativen, während die eigenen Artverwandten fern gehalten werden, wenn sie das wahre Wesen des Feindes noch nicht erkannt haben. Darum ist Gesinnungs-Inzucht einer der Gründe für das Dahinsiechen grade der Bünde, die das Heil erkannt zu haben wähnen und trotzdem noch mit den Waffen des Schattenreiches kämpfen, mit denselben Waffen also wie der Feind, der sie natürlich, da sie zu ihm gehören, viel besser beherrscht. Da ist ein Sieg nicht möglich.

2. Welcher Bund aber ließe wohl alle Schatten zurück, wodurch all ein ihm möglich wäre, in den Lichtkreis zu treten, der ohne weiteres den Sieg über alle Schatten in sich begreift? Und wäre es auch nur das, dass die Wahl der Mitglieder niemals unbedingt von ihrem Artwert und von ihrer geburtlichen Verwandtschaft zu der Bundesidee abhängt, dass man, um der wirtschaftlichen Erhaltung des Bundes willen, denen, welche den Bund materiell besonders fördern können, leise Zugeständnisse macht: das allein schon wäre für den Bund Grund genug zu dem Eingeständnis (des Pater Ekstaticus in Goethes „Faust"): „Mir bleibt ein Erdenrest zu tragen peinlich – Und wär' er von Asbest, er ist nicht reinlich." Wenn solche Erwägungen auch nur halbbewusst auftauchen, so bedeuten sie doch einen Rückfall in mammonistisches Denken, liegen abseits der Heilsordnung und trüben die

Reinheit der Bundesidee. Es bleibt ein Schatten; und sei es auch der einzige: er verwehrt den Zugang zum Lichtkreis.

Der Einwand, dass als mammonistische Regung die wirtschaftliche Erhaltung des Bundes nicht angesehen werden dürfe, ist ja im Sinne der allgemeinen Denkweise berechtigt; für uns aber hat er keine Geltung. Denn die Idee ist nicht für den Bund da, sondern der Bund für die Idee! Die Hauptsorge ist nicht, wie die Körperschaft durch Mehrung ihrer Mitglieder zu stärken sei, sondern wie der Geist durch Mehrung der Innenkraft zu stärken sei, so dass jedes Mitglied die ungetrübte Idee möglichst rein erfüllen lerne. Dieser Geist aber kann nicht erstarken, diese Idee kann nicht ungetrübt bleiben, wenn sie dem Einfluss von Mitgliedern untergeordnet wird, die zwar voller Begeisterung und sehr guten Willens sind, aber die Idee in ihrer Tiefe nicht ganz erfassen können; und das ist u. a. auch häufig bei denen der Fall, welche sich besondere Verdienste um das Aufblühen des Bundes als Körperschaft erwarben. Dann muss die Idee verflachen, und der Geist muss zur Ebene der Vielen hinabsteigen, wo er in starren Paragraphen und Dogmen verkalkt, einen fanatisch-demokratischen Charakter annimmt und nie wieder seine einstige Höhe erreicht.

Ein Bundesführer, der einer Mehrheit Rechte zugesteht – der nicht ganz Verstehende ist stets Vertreter der Mehrheit – der pflanzt seinem Bunde einen Spaltpilz, den Keim der Zersetzung und des Todes ein; und die Mittel, mit denen er das Dahinsiechen aufzuhalten trachtet, entfernen sich folgerichtig mehr und mehr vom Wege der Ordnung. Vielherrschaft ist nie und nirgends etwas Gutes, denn sie bedeutet die Herrschaft der Nicht-Guten. Unter Guten seien hier verstanden: die Besten, die Tüchtigsten, die Reifsten, die Weisesten. Hiermit ist die zweite Ursache des Dahinsiechens der Bünde aufgedeckt.

3. Ist nun ein in diesem Sinne „Guter" an der Spitze eines Bundes, der folglich die aus bei den Punkten sich ergebenden Voraussetzungen erfüllt, so wird sein Bund, auch als Körperschaft, um so besser gedeihen, je bedingungsloser der Führer das monarchische Prinzip wahrt, sowohl bei der Wahl, wie auch bei der periodisch notwendigen Aussiebung und Abstoßung derer, welche sich unfähig erwiesen, auch nur die ersten, leichtesten Forderungen an inneres Heldentum im Geiste der Bundesidee zu erfüllen. Mag auch Erwerben von viel und wichtigem Wissen verlangt werden; entscheidend für die Würdigkeit des Einzelnen darf nicht nur seine Wissens-Mehrung sein, sondern muss vor allem die Mehrung seines Könnens sein, d. h. sein stetiges inneres Wachsen und Werden, sein stetig

besseres Schicksalbeherrschen.

Wenn aber das der Wertmesser ist, so werden sich mit der Zeit alle zu dem Bunde finden, die sich durch den Eigenwert und geistigen Adel wie durch die Persönlichkeit seines Führers seines angezogen fühlen. Und so viele für jede neue Stufe ihres eigenen Reifens neue Kraft aus dem Geist des Bundes schöpfen, so viele werden dem Bunde immer treu bleiben; und jeder bleibt solange im Bunde regsam, wie dies der Fall ist. Der Grad der Reife und Weisheit des Führers ist der Grenzgrad, bis zu dem er seine Mitglieder leiten kann. Er darf an diese, als Sitten- und Geistwesen, immer nur soweit Ansprüche stellen, wie er diese für seine Person erfüllt und wenn er dennoch höhere stellt, so bleibt das entweder ohne Wirkung, da er selber nicht mehr Vorbild dafür ist, oder die betr. Mitglieder wachsen über ihn hinaus, beherrschen nun ihrerseits den Bund oder kehren ihm den Rücken. Ein Bundesführer muss daher sowohl an Wissen und Können wie als Sitten- und Geistwesen stärker sein als alle, die er je für seinen Bund zu gewinnen wünscht!

Daraus folgt, dass die an Mitgliederzahl größten Heilsbunde die geringsten Anforderungen in diesem Sinne stellen. Je niedriger der Wertgrad des Führers als Geistwesen ist, umso mehr Mitglieder kommen dem Bunde rechtmäßig zu. Von diesen vielen fallen aber alle die wieder ab, welche erfüllen lernen, was der Bundesgeist höchstenfalls zu geben hat und für ihr Darüber-hinaus-wachsen keine Hilfen mehr empfangen. Dieser Abfall hat offenbar darin seinen Grund, dass der Bund mehr versprochen hat, als sein Führer zu erfüllen vermag. Und wenn dann der Bund nicht im gleichen Maße neuen Zuwachs findet, dann siecht er dahin. Dies wird auf jeden Fall eintreten, wenn jenes Missverhältnis zwischen Versprechen und Erfüllen weit genug bekannt wird. So rächt sich die ideale Überspannung in Bundessatzungen; so edel ihr Beweggrund sein mag, sie bleibt eine kleine unbewusste Unwahrhaftigkeit.

Diese dritte Ursache für die Schwierigkeit, Heilsbünde gesund und blühend zu erhalten, ist die eindrucksvollste; sie zeigt, dass heute schon die Mehrzahl der ernsthaften Heilssucher menschlich gereift ist und darum höhere Ansprüche als früher an sich und den Bund stellen, der ihr zur Erfüllung derselben helfen soll. Unter diesen ist ganz allgemein keine Stimmung mehr für Bünde, die in ihren Satzungen hohe Ziele verkünden, aber, wie die Erfahrung lehrte, nicht über die außerordentlichen Gaben und Kräfte verfügen, welche nötig wären, um den hohen Zielen näher kommen zu können; die reifen und weisen Wegführer und Vorbilder fehlen meist. An dieser Bundesmüdigkeit ist also der stets etwas verstiegene Idealismus der Bundesführer schuld. Ihre gesinnungsstarken, guten und hohen Worte verrauschen vor den Ohren der oft Enttäuschten, welche ihrem Bunde vorwerfen:

„Du hast die Kraft mich anzuziehen besessen
Doch mich zu halten hast du keine Kraft."

Im Geiste der so viel anspruchsvolleren neuen Ordnung, die allein uns heilen kann, ist unberufen jeder Bundesführer, der den Weg zu dem hohen Ziel, für das er seine Mitglieder begeistert, nicht selber bis ans Ende gegangen ist, und alle Schwierigkeiten, Gefahren und Tücken, die auf dem Wege lauern, kennt und für seine Person bezwang. Wer z. B. den Kampf gegen den Mammonismus und Judaismus als Zweck seines Bundes nennt, muss wissen, dass alle bisher gebrauchten Waffen – materielle wie intellektuelle – in diesem Kampfe stumpf werden, und muss in der Handhabung neuer, wirksamer Waffen Meister sein. Abwehr und ideales Wollen ist unzureichend und bleibt negativ. Wer eine Fata Morgana von einer künftigen Welt erscheinen lässt, in der all die herrlichen urdeutschen Ideale sich erfüllen, der muss wissen, wo das Urbild dieser Luftspiegelung zu finden ist. An Idealisten, die ihre Gefolgschaft in das gelobte Land führen wollen, ohne es selber je betreten zu haben, ist reichlich Vorrat bei uns. Darum schwebt die Arbeit unserer Heilsbünde größtenteils noch in der Luft. Grundfesten Boden, neue Grundfesten für unsere Bünde brauchen wir.

Das wird auch allgemein gefühlt. Die Ungereifteren wollen Taten sehen; die Gereifteren wollen selber Taten vollbringen. Sie wollen nicht warten, bis die geistige Macht der wenigen Erwachten stärker geworden ist als die Macht, welche in den verleiteten Massen tobt. Nunwohl: für solche Taten sind die bestehenden Bünde sehr geeignet, denn dafür brauchen sie keine Heilsbünde zu sein. Wenn auch diese Gegenwartstaten zu einem fortwirkenden Sieg noch nicht führen können, weil man ja noch mit den alten Waffen kämpft, so muss doch unbedingt immer etwas geschehen, was die Hoffnung der wertvolleren Volksschicht neu belebt. Dazu gehören dann auch: nie rastende Aufklärung über das Wesen des Feindbundes, ständige Abwehr der verbrecherischen Weltpolitik, Proteste und Proklamationen, kurz: ewiges unsanftes Wachrütteln und Unruheschaffen in den – ach so schnell vergessenden, stumpfen Hirnen des Durchschnitts.

Denen aber, welche schon eine Stufe weiter gereift sind, kann das nicht genügen, wiewohl sie selber lebhaft Anteil daran nehmen. Sie wissen, dass wir von Hoffnung zu Hoffnung unaufhaltsam dem Zusammenbruch entgegentaumeln, und dass die wahre Rettung durch keine der bisher geübten Kampfweisen kommen kann. Darum misstrauen sie noch den Taten mit Massen-Angeboten; sie wissen von langsam reifenden Taten nie gewesener Art; dafür bereiten sie sich vor; dafür suchen sie Hilfen und Helfer; nicht mehr in großen Bünden, sondern in kleinsten Gemeinschaften – notfalls zu Zweien und Dreien – welche stetig steigende Forderungen an sich stellen und jede mögliche schlummernde Innenkraft auf dem schnellsten Wege zu entfalten trachten. Dies geschieht schon tausendfach, ohne dass man ahnt, wie hier der feste Grund für ein ganz neues Bundeswesen geschaffen wird. Diese 100 kleinsten Kreise sind, wiewohl sie sich nicht kennen, einmütig im selben Geiste, weil sie alle die rechte Erfüllung der höchsten Idee erstreben, die jedem innewohnt. Deshalb kommen diese ganz gewiss nie in Neid oder Feindschaft zu einander, es fehlt hier ja der Hauptanlass dazu: der Wettbewerb von Körperschaften, die um ihre Existenz gegeneinander kämpfen.

Taucht nun aus einem dieser echten Heilsgemeinschaften irgendwann einmal eine Parole auf, die zu einer offen sichtbaren, entscheidenden Tat ruft, so werden alle fühlen, dass jetzt ihre Stunde gekommen ist; sie werden alle diese Parole aufnehmen und ihr gemäß handeln, ohne zu fragen, wer und welcher Bund sie ausgab, weil sie alle ein untrügliches Merkmal dafür haben, was aus dem Geiste der Ordnung kommt und was nicht.

Und – um auf unseren Ausgangsgedanken zurückzukommen – wenn aus diesem großen echten Bunde, der sich einer Organisation gar nicht bewusst ist und dennoch eine vorbildliche geistige Organisation hat, rein handgreiflicher Plan zur „Rettung der Edlen" auftaucht, so wer den die „Edlen" – ihr Hab und Gut, ihr Leib und Leben – wirklich gerettet werden, weil – ihre Seele vorher schon gerettet war. So geschieht denn diese Rettung mit kosmischer Notwendigkeit. Spricht man überhaupt von einer Rettung der Edlen, die doch durch ihr erfülltes Edeltum selber schon gefeit sind und darum von einer organisierten menschlichen Hilfe nicht abhängen, so kann diese gewiss nur in diesem Sinne gefördert werden.

AR-CHE

Tatkunst für die Wagenden

Die praktischen Grundlagen zum
WERK

Unser Werk ist unsere Tat. Wergon (griechisch und deutsch) heißt: Tat. Unser Werk ist das Werk, das höchste Werk, und darum heilig. Unsere Tat ist die Tat, die höchste Tat, und darum die Heils-Tat. Im Anfang war – und ist – nicht Wort, nicht Sinn, nicht Gedanke, sondern Tat, weil der, welcher Macht hat, nur tut, und weder sinnt noch redet noch denkt, ohne zu tun: es denkt durch ihn, redet zu ihm, schärft eine Sinne für die Tat. Immer ist sein erstes Vollbringen: Tat, und alles, Wort und Gedanke, ist bei dem, der vollbringen will und kann, bereits Tat.

Das ist die heilige, heilende Heils-Tat. Sie ist im Anfang und das bedeutet: in der ARCHE. Das Wort „Arche" heißt: Anfang. Wer den Anfang nicht findet, den Zugang zur Arche nicht findet, weiß nichts von der Heils-Tat und versteht unser Werk nicht. Wie er den Anfang im Ende fände – wie er lerne, ein Ende und Schluss zu machen mit allem Sinnen, Denken und Reden, das nicht alle in einem, nicht Tat ist, damit sich ihm das Tor der Arche, der Anfang öffne – das zu offenbaren ist der Sinn unserer Mühe im Kreise der Berufenen.

Während eines mehr als 20-jährigen Wirkens im Kreise von Menschen, die in diesem Geiste tapfer aufwärtsringen, entwickelt sich zwanglos eine fein erfühlte Ordnung für das ganze Werk des Lehrens und Lernens, wie auch erprobte Regeln für einen fruchtbaren Verkehr. Diese Regeln, Ordnungen und Lehrpläne wurden bisher nur den enger Beteiligten vorgelegt; jetzt sollen sie – überarbeitet und um wesentliche Teile ergänzt – allen zugänglich werden, welche eine Fügung in die Nähe unseres Werkes bringt. Es wird nicht wenig davon abhängen, wie sie dem hier Gebotenen gegenüber empfinden, welches mehr bedeutet als äußerliche Vorschriften; denn was hier den Eindruck von Vorschriften macht, trug nie den Charakter eines Befehls. Aus dem Verkehr selber ist es organisch gewachsen; und dieser ruht auf Grundlagen, die im Prinzip zwar jede geistig aufwärtsstrebende Gemeinschaft anerkennt, bei deren Verwirklichung aber in der Regel die Kraft nicht durchhält. Unser Verkehr hält sich nicht nur im Prinzip, sondern in der Tat frei von Misstrauen und Missgunst, von Nörgelei, Klatsch, Pharisäertum u. dgl. Wer damit kommt, wirkt auf die anderen nur belustigend, und etwa angeborene Neigung zu derlei kindlichen Ungereimtheiten verkümmert, weil man für irgendetwas Negatives einfach keine Zeit mehr hat.

Das Hochziel einer guten deutschen Gesellschaft, wie es 1921 im Buch: „Deutsche Ordnung" gestaltet und im ersten Jahr der „Wandlung" (1925, Heft 2) besprochen wurde, ist bis zu dem heute Möglichen erreicht. Die im folgenden gebotenen Ordnungen geben zwar nur eine erste Vorstellung von den Regeln, nach denen das Hochziel sich erfüllt, lassen aber doch klar den Geist erkennen, der all solches Sinnen und Trachten leitet. Darum dürfen diese Zusammenstellungen als ein notwendiges Kapitel für ein Buch vom deutschen Takt und Ton gelten.

Demgemäß hätte sich, wer hier zum ersten Mal von diesem Werk hört, zu fragen, ob es ihm möglich wäre, dem Geist, der diese Ordnungen eingab, leicht und mit Freuden zu dienen, und ob er fähig wäre, für diesen Geist echter geistiger Bruderschaft zu leben und auch Opfer zu bringen, wie dieser mit ihm leben und für ihn Opfer bringen würde. Was er dabei gewönne, würde bei Weitem mehr sein, als er gäbe, weil die Kraft aller für jeden Einen wirkt, wie andrerseits Einer für Alle einsteht. Der gute Wille allein würde dafür freilich wenig bedeuten; nur ein hoher allgewaltiger Trieb kann den Willen zu jener seltenen Tat entflammen, die das Tor zum DOM der ARCHE öffnet und Geborgenheit sichert – für alle Zeit.

Es werden der Reihe nach verkündet: die Werk-Ordnung, die Persönliche Werkordnung, die Opfer-Ordnung und die Lehr-Ordnung.

Bei Hinweisen auf dieselben werden die Abkürzungen gebraucht: W.O – P.W.O – O.O und L.O.

Die Werkordnung.
Grundlagen des Verkehrs.

1. Unser Verkehr ruht auf **vier starken Säulen**, die nimmer wanken; sie heißen: GÜTE – STARKE – TREUE – GLAUBE.

So glaube zunächst jeder an die hohe Kraft der Ordnung unseres Kreises, bis er sie in sich erwachen fühlt und sein Glaube ein Wissen wird. Jeder soll es wissen, dass er vom ersten Tage an getragen wird durch die ordnende

92

und heilende Macht gleichgerichteter, starker und lichter Gedanken.

2. Der Verkehr mit dem Heilswalter (H-W) beschränkt sich, bis die Aufgaben der Vorstufe erledigt sind, im Wesentlichen auf Zuweisung des Lehrstoffs (vgl. L·O). Danach erst wird der Verkehr – jedoch nur, wenn dies beiderseitig gewünscht wird – ein persönlicher. Die Anregung dafür bietet die AR-CHE; die geistige Grundlage für denselben bietet von da ab die „Wandlung", welche erst dann beginnt; die Voraussetzung für denselben ist die beiderseitige Betätigung des Opfergedankens.

3. Der persönliche Verkehr der Werkfreunde (=W-Fr/ Mehrzahl W-Frr) mit dem Heilswalter hat drei Stufen. Auf der ersten fühlt sich der W-Fr in den Geist des Werks ein; da ist der unmittelbare persönliche (briefliche) Verkehr ein lebhafter. Auf der zweiten Stufe beginnt die „Wandlung" und mit ihr die schweigende Tat; persönliche Briefe werden seltener; aber vom Heilswalter wird jetzt stete Wachsamkeit, Mitfühlen und Mitleben mit dem W-Fr verlangt. Auf der dritten Stufe ist der geistige Gedankenverkehr so lebendig geworden, dass nur in den großen Entscheidungszeiten noch Briefe gewechselt werden. Nach sieben Jahren ist das Amt des Heilswalters in der Regel erfüllt; dann ist der Werkfreund selber ein Walter des Werks geworden und wirkt mit seinem alten Wegführer in einem engsten Kreise zusammen für „die neue Welt der Ordnung und des Rechts" (vgl. AR-CHE III).

Wenn jeder diese drei Stufen der Reihe nach erklimmt und sich dabei in die hier gegebene Werkordnung einfügt, dann kann der Heilswalter jedem gerecht werden, und seine Zeit wird immer im rechten Rhythmus wieder frei für neue Werkfreunde, Takt und Ton im Briefverkehr.

4. Wenn eine Frage in dir wühlt, wenn dich ein Gedanke verfolgt, ein Gefühl dich zerzaust, eine Not oder Sorge dich aus dem Gleichgewicht stürzt, so setz dich nieder und schreib alles auf; beim Schreiben wird sich deine Seele, dein Herz und Hirn schon ein wenig erleichtern. Aber, was du da niederschreibst, ist ein Erguss; nach gar nicht langer Zeit wird er dir stark missfallen. Darum schicke das nicht fort. Deine Briefe sind dazu da, dass du sie schreibst; aber von 100 deiner Briefe sind nur 10 zum Absenden reif. Dasselbe gilt übrigens vom Schreiben und Druckenlassen von Büchern. Solche Ergüsse abzusenden, ist gar nicht klug, weil man später allerlei zurücknehmen oder einschränken müsste, und das entwürdigt! Du leistest dir nur selber einen guten Dienst, wenn du, anstatt zwei oder drei lange Briefe über ein Erlebnis abzusenden, diese liegen lässt und erst später, wenn du selber einigen Abstand zu der Sache gewonnen hast, einen ganz anderen Brief absendest; der ist dann kein Erguss mehr, sondern ein Ergebnis. Auf diesen wirst du Antwort erhalten; auf jene kaum, denn du hast kein Recht darauf. Der Empfänger würde ungebührlich lange Zeit brauchen, um Ordnung in deinen Erguss zu bringen; auch bist du für die rechte Antwort erst empfänglich, wenn du dir Mühe gabst, die rechte Antwort in dir selbst zu finden. Also beklage dich nicht, wenn dir solche Briefe, die gegen unseren Takt verstoßen, nicht beantwortet werden. Lerne aber auch fühlen, dass die Antwort nicht grade durch einen Brief kommen muss. Was du auch schriebst: ohne Eindruck bleibt es auf den Empfänger nicht: er beschäftigt sich in Gedanken damit und kann dir auf mancherlei Art mittelbar antworten. Vielleicht aber hast du dir die Antwort schon selber gegeben und weißt es gar nicht; denn ein Brief, der mit reinem Willen zur Klarheit geschrieben ist, enthält fast immer die Antwort schon in sich selbst.

5. Briefe an einen Heilswalter dürfen sich mit Andeutungen der brennenden Sache begnügen, da jener den W-Fr gut genug kennt, um ohne viel Erklärung zu wissen, was er noch sagen will und braucht. Es besteht zwischen beiden von vornherein eine Gedankenverbindung. Der H-W lässt dem W-Fr, selbst wenn dieser sich fast gar nicht äußert, das Notwendige und besonders Gewünschte zukommen. Dies ist die fruchtbarste Art des Verkehrs mit einem Heilswalter. Wer deren Wert nicht erfühlt, der wird nie zur inneren Unabhängigkeit kommen; der braucht dauernd Führung. Ein Heilswalter aber darf einen nicht sein Leben lang führen; er baut ihm nur die Brücke und führt ihn über diese Brücke. Damit ist sein Amt erfüllt; denn es wird keiner, der über diese Brücke schritt, jemals noch einen Führer in Menschengestalt brauchen.

6. Wer nach Jahr und Tag noch an denselben Nöten krankt wie zu Anfang, der ist blind für die Brücke zu seinem Heil und kann seine Wandlung nicht zur Tat werden lassen. Er darf nicht grollen, wenn sein Verkehr mit dem Heilswalter stillschweigend einschläft; ihm kann nur ein Führer oder eine organisierte Führung (u. a. der Kirche) helfen, auf den oder die er sich für sein ganzes Leben einschwören kann (vgl. Wandlung, Jahr III, Heft 7).

7. Für alle schriftlichen Mitteilungen gebietet der Takt unserer Gesellschaft: deutliche Schrift und übersichtliche Anordnung der Mitteilungen: Vorbedacht und ausdrucksvolle Kürze, jedoch ohne Hast oder orakelhafte Zeichensprache / Sparsamkeit mit den Worten der edlen deutschen Sprache, jedoch ohne Flüchtigkeit / Ein Brief mag lang sein, soll aber nicht „langatmig" sein / Keine sentimentale Schwärmerei; ein gesundes Gefühl soll aber nicht zurückgehalten werden / Schlichte Schönheit des Wortausdrucks, aber keine Schönrederei. – Das ist es, was vereinigt werden muss, wenn ein Briefverkehr gegenseitig mit Freude, Zuneigung und Förderung gepflegt werden soll.

8. Entschuldigungen wegen Schärfen und scheinbarer Kränkungen sind unter uns ebenso unnötig wie Rechtfertigungen gegen einen als ungerecht empfundenen Angriff; denn wir setzen voraus, dass der Angreifer nur sehr ungern und nur, um eine Not zu wenden, kränkt, und dass er selber schon den Angegriffenen im stillen voll rechtfertigt. Eilige Erwiderungen sollten in solchen Fällen nicht abgesandt werden; denn man wird sich dadurch schaden.

9. Das Gefühl der Verlassenheit und des Vergessenseins ist unter Menschen, die in der Ordnung zu leben bemüht sind, stets ein eingebildetes und unbegründetes. Niemand wird verlassen und vergessen, der nicht sein Selbst vergisst und uns verlässt. Nur wenn Treue und Glauben wanken, fühlt man die enge Verbundenheit nicht mehr, die jederzeit von allen zu allen wirkt. Böser Wille oder heimlich fressender Groll kommt – z. B. bei anscheinender Vernachlässigung – niemals bei uns in Frage. Ohne jedes entschuldigende Wort glauben wir ohne Weiteres, dass die mögliche Stunde für eine Äußerung noch nicht gekommen ist. Im Übrigen sind die wirklichen Gründe für eine lange Verzögerung oft ganz andere als die, derer man sich erinnert.

Regeln gegen Vergeudung von Geld, Zeit und Gedankenkraft:

10. Für Bestellungen und Wünsche um Zusendungen verwendet man offene Karten. Im Text eines Briefes sollen keine Bestellungen gemacht, keine Daten gegeben, keine Wünsche um Zusendungen ausgesprochen werden; das alles wird auf besonderem beigelegte Zettel vermerkt.

11. Als „Bestellung" gilt, was man bezahlen will. Eine Bestellung wird ohne Verzug erledigt. Alles andere – auch Antwort auf Brief – wird bis zum nächsten Monats-Ersten erledigt.

12. Eine Zahlkarte fordert nur dann zu einer Zahlung auf, wenn ein bestimmter Betrag auf ihr vermerkt ist.

13. Nichteingang von Bestelltem oder Zugesagtem bis zum 8. des nächsten Monats meldet man sofort, indem man die Nummer des betr. Stücks oder dessen Titel – mit 3 Buchstaben abgekürzt – auf eine sonst leer bleibende 3 Pf.-Karte vorn, unten links unter seine Absender-Anschrift schreibt, und

zwar ausgeklammert (s. 17). Lässt sich der Titel verständlich nicht in 3 Buchstaben angeben, so muss man 8 Pf. für die Karte opfern, braucht aber auf die Rückseite auch nur den Titel des fehlenden Stücks, ausgeklammert, zu schreiben; jedes weitere Wort ist für diesen Zweck überflüssig. Die Absenderanschrift darf aber nicht vergessen werden. Antwort erfolgt u. U. ebenso lakonisch, etwa durch Hinweis auf einen Punkt dieser Werkordnung. z. B. „W.O 24".

14. Rückporto wird nur erwartet, wenn der Absender dringend persönliche Antwort braucht (s. 20); in dem Fall ist aber Porto für reinen Doppelbrief nötig.

15. Briefe und Sendungen ohne Werteinlagen lässt man nicht einschreiben. Von wichtigen Briefen behält man eine Abschrift oder Durchschrift zurück. Auch kleinere Geldscheine in Briefen können im Allgemeinen unversichert gehen. Wünscht der Absender sofort Empfangsbestätigung, so legt er eine 3 Pf.-Karte, an ihn selbst gerichtet, bei. Der Empfänger schreibt sich dann als Absender drauf und sendet die Karte leer umgehend zurück (s. 17).

16. Was man „eingeschrieben" erhielt, muss man auch „eingeschrieben" zurück- bzw. weitersenden.

17. Eine empfangene Sendung wird durch ein eingeklammertes Mal-Zeichen: (X) bestätigt, ein empfangener Geldbetrag durch die eingeklammerte Zahl, ohne „RM." Ein ausgeklammertes Mal-Zeichen:)X(bedeutet, dass man eine Sendung erwartet. Nötigenfalls kann man auch noch kurz (z. B. 14/2) das Datum des Empfangs daruntersetzen. Solche Verständigungszeichen (s. 13, 17-21) kann man auch auf leeren 3 Pf.-Karten und auf beliebigen Drucksachen anbringen. Die Zeichen gehören unter die Absender-Anschrift, unten links.

18. Bleibt Antwort auf bestimmte Bitten, Anfragen, Vorschläge länger als 8 Tage aus, so bedeutet dies: „Ja! Einverstanden!" bzw. „wird erledigt!" Diese Zustimmung sollte aber auf einer leeren Karte oder auf einer Drucksache kenntlich gemacht werden durch ein eingeklammertes Plus-Zeichen (+). Bei Ablehnung tritt an dessen Stelle ein eingeklammertes Minus-Zeichen (–).

19. Unsere Hagal-Rune über der Absender-Anschrift bedeutet: „Ich bin in Not und brauche die Kraft dieser Rune!" Eine leere 3 Pf-Karte genügt dafür. Jeder, der solche Karte erhält, wird an seine „geistbrüderliche" Verbundenheit mit dem Absender erinnert, stellt die Gedankenverbindung mit ihm her und schließt den schützenden Kreis um ihn.

20. Eine Sendung, deren Erledigung der Absender für sehr dringend hält, trägt auf der Anschriftseite links unten, über der Absender-Anschrift, einen schräg nach oben gerichteten roten Pfeil.

21. Schriftstücke, welche oben links ein rotes S. S. tragen, müssen in verschlossenen Umschlägen, als „Brief" versandt werden, weil sie Vertrauliches enthalten. Alle Druck- und Schreibmaschinenstücke ohne dieses rote S. S. können offen versandt werden, gegebenenfalls mit einem beliebigen Druckblatt umhüllt.

S. S. ist die Abkürzung von: „(sub) sigillo silentiae": „Im Zeichen des Schweigens". Wir sind sparsam mit der Verwertung dieses Zeichens und trauen dem, der ein so gezeichnetes Schriftstück erhält, nicht nur ein Verschweigen, sondern die Gabe des „heiligen Schweigens" zu. Demgemäß lesen wir diese Buchstaben als die deutschen Worte: „Schweigen! Schauen!" Wenn wir Schweigen verlangen, so rufen wir damit die Treue zu unserer Bruderschaft an, welche – von Feinden rings umschlossen – das Recht auf streng zu wahrende Geheimnisse hat. Wer in solchem Geiste schweigt, der wird ein Schauender und dringt – unberührbar durch den trügenden Schein der Körpersinne – stets bis zum Kern der Sache, um die es geht, vor und wird stets etwas Ur-Eigenes und Hochnötiges „erschauen" und – alle „Brüder" warten darauf, dass er es kundgebe, weil auf keinen in diesem engen Bruderkreis verzichtet werden kann.

22. Strahlensendung: Wenn ein Schriftstück mehreren, und diesen schnell zu Gesicht kommen soll, und außerdem Meinungsäußerung zu demselben erwünscht ist, dann schreibt der Absender gleich selber die Anschriften der verschiedenen Empfänger auf je einen Umschlag, setzt auf jeden derselben den roten Pfeil (s. 20) und steckt diese Umschläge offen ineinander. Das Schriftstück selber kommt in den innersten (kleinsten) Umschlag. Dieser trägt die Anschrift des Urheber-Absenders, denn zu ihm soll das Schriftstück in der Regel zurückkommen. Die Anschrift dessen, der die Sendung als Erster erhalten soll, kommt auf den äußersten (größten) Umschlag. Muss die Sendung verschlossen gehen, so verschließt man diesen. Das Schriftstück selber trägt in dem Fall oben links das S. S. (s. 21). Es handelt sich hierbei stets um eine besonders wichtige und dringende Sache. Der erste Empfänger arbeitet deshalb die Sendung sofort durch, macht u. U. – stets aber auf besonderem Blatt – Zusätze oder Verbesserungsvorschläge, legt diese und anderes Bezügliche dazu und sendet alles (mit den noch unverwerteten Umschlägen) ohne Verzug an den zweiten Empfänger. Dieser verfährt ebenso, u.s.f. Der letzte schickt das Schriftstück mit allen, auch seinen eignen Zusätzen und Beilagen, dem

Urheber-Absender wieder zu.

23. Die Aufgaben und Anregungen zur Heilsarbeit kommen den W-Frr.n in regelmäßigen Monats-Sendungen zu. Mit diesen erhält jeder, neben dem Laufenden, fast immer besonders für ihn ausgesuchte Weisungen, welche in weitem Umfange den persönlichen Brief ersetzen. Eine Monatssendung trifft spätestens am 8. des Monats ein.

24. An vertraute Bücher, Schriftstücke, ungedruckte Kündungen, Weisungen und Akten, welche den Vermerk: „bitte zurück" tragen, müssen, wenn sie mit der Monatssendung kommen, innerhalb desselben Monats durchgearbeitet und bis zum Ersten des nächsten Monats zurückgesandt sein, damit sie noch mit der neuen Sendung an andere W-Frr weitergehen können (s. 26, 27). Wer dies nicht beachtet, benachteiligt seine „Brüder", bringt den Heilswalter in den Verdacht der Lässigkeit und stört den ganzen Verkehr. Konnte ausnahmsweise nicht alles erledigt werden, so muss wenigstens das Erledigte zum Ersten zurückgehen. Für ein umfangreiches Schriftstück oder für ein Buch wird auf besonderen Wunsch stillschweigend (s. 18) ein zweiter Monat gewährt.

25. Wer etwas von leihweise Anvertrautem länger als zwei Monate behält, wird – wortlos – dadurch gemahnt, dass zu Beginn des dritten Monats die ihm zugedachte und auch die ihm zustehende Sendung einbehalten wird, bis er das Geliehene zurückgesandt hat.

26. Schriften und Bücher, die nur vereinzelt vorhanden sind, tragen, wenn sie von mehreren begehrt werden, einen festen Termin für die Rücksendung. Dieser muss auch dann eingehalten werden, wenn man mit der Durcharbeit noch nicht fertig ist. Sieht man schon beim Empfang der Sendung voraus, dass man den Termin nicht wird einhalten können, so lässt man die Sendung mit: „Annahme verweigert" einstweilen zurückgehen. In dem Falle gibt man, um den Grund der verweigerten Annahme kenntlich zu machen, unter dem „Absender" denjenigen Monat an, in welchem man das Schriftstück wieder haben möchte. Im Übrigen kann auf jeden Fall später noch einmal Zusendung erfolgen.

27. „Auf Abruf" bedeutet, dass das betr. Stück nur in dem Fall, dass es ein anderer begehrt, zurückerbeten werden wird; begehrt es keiner, so kann es der Empfänger unbegrenzt lange behalten.

28. Alles, was für Rücksendung gilt, das gilt auch für Weitersendung an eine mitgegebene Anschrift.

29. Die dem Werkfreunde zukommenden Briefe, Weisungen, Akten, Schriften und Bücher enthalten stets weit mehr, als er beim ersten Lesen entdecken könnte, weil sie von einem Zustand des Geistes und der Seele sprechen, dem er sich zwar nähert, den er aber noch nicht erreicht hat. Darum ist immer wiederholtes und vertieftes Lesen notwendig, wenn die Entfaltung seiner schlummernden Kräfte nicht Lücken erhalten soll, die ihm u. U. den weiteren Aufstieg überhaupt unmöglich machen.

Die persönliche Werkordnung:

Dieser Teil bringt ein bewährtes Schema zur Übersicht über alle für das Heilswerk geleisteten Arbeiten und für die Überwachung des eigenen Fortschreitens. Besonders der jüngere Werkfreund wird viel gewinnen durch sorgfältige Führung dieser Bücher. Jeder aber sollte zum Wenigsten das, was er vom Heilswalter oder durch dessen Vermittlung erhält oder kennen lernt, etwa nach diesem Schema eintragen.

Man legt sich zwei Bücher an; das eine ist das Merkbuch, das andere das Besprechungsbuch. Statt des Merkbuches kann man Merkkarten (Karteikarten) verwenden.

Das Merkbuch:

Dieses Buch gibt Auskunft über:

A: Bücher und Druckwerke, die man gelesen und durchgearbeitet hat.
B: Zeitschriften:
a. die man früher hielt und aufgab;
b. die man zur Zeit hält.
C: Vereine, Gesellschaften, Bünde, Orden, Kirchen:
a. zu denen man gehörte;
b. zu denen man noch gehört.
D: Weisungen und Akten, handschriftliche und gedruckte, und alles, was man durch den Heilswalter erhielt:
a. leihweise;
b. zu eigen.
Die Seiten des Merkbuchs werden zu dem Zweck in 6 Spalten geteilt. Es gibt Kontobücher (Format 17x21 cm, 200 Seiten), deren Spalteneinteilung verwertbar ist, wenn man noch ein oder zwei Spaltenstriche nachzieht.
Die Eintragungen zu A beginnt man von vorn, die zu D von hinten (rückwärts). Die Eintragungen zu Bund C werden in der Mitte des Buches

gemacht; man braucht dafür nur 5 bis 10 Blätter (10 bis 20 Seiten); zwei Drittel davon für B, ein Drittel für C. Jede Seite trägt oben, groß, die betr. Buchstaben: A, B, C, D.

Die erste Spalte ist für die laufende Nummer der betr. Sache bestimmt. Die zweite Spalte erhält das Datum, wann man zu ihr in Beziehung gekommen ist; für A: „erworben": wenn entliehen, wird das Datum eingeklammert; in Spalte 4 (s. u.) kommt dann das Datum der Rücksendung. Für B: „Jahrgänge", die man bezogen hat; wenn entliehen, wird Jahrgangszahl bzw. Heftnummer eingeklammert; in Spalte 4 kommt dann das Datum der Rücksendung. Für C: „Eintritt"; wenn nur gelegentlicher Besuch ohne Mitgliedschaft, wird Datum des Besuches eingeklammert. für D: „erhalten". Spalte 1 und 2 können, wenn es besser passt, vertauscht werden. In die dritte, breiteste Spalte wird für A und B eingetragen: Titel, Verfasser bzw. Herausgeber, Verlag, Preis; für C: Name, Sitz, Mitgliedsbeitrag; für D: Überschrift und Archivnummer. Für A. B. C, braucht man je 4 Zeilen und schreibt untereinander; für D genügen je eine oder 2 Zeilen. Die vierte Spalte nimmt die Daten auf für: bei A: „gelesen" (und wieder gelesen): bei B: „abbestellt"; bei C: „Austritt": bei D: „zurückgesandt"; an dessen Stelle kommt, wenn man das betr. Stück zu eigen erhalten hatte, ein E. In diese 4. Spalte kommen für A, B auch die Daten der Rücksendungen entliehener Stücke; beim Empfang derselben wird, wenn der Verleiher einen Termin für die Rücksendung angab, dieser hier in Klammern vermerkt; darunter kommt dann der Tag der wirklich erfolgten Rücksendung. Die fünfte Spalte nimmt die Seitenzahl des Besprechungsbuches auf, in welchem man sich über das betr. Stuck geäußert hatte. Die sechste Spalte ist für Bemerkungen bestimmt, z. B., wenn verliehen: an wen verliehen und wann; wenn entliehen, von wem entliehen und wann; etwa fehlende Zeitschriftnummern usw.

Die „Wandlung" und die „AR-CHE" werden nicht zu den Zeitschriften, sondern zu den Weisungen gerechnet; jedes Heft derselben wird als selbständige Weisung angesehen und gesondert unter D (nicht unter B) eingetragen. Fand man in einer Zeitschrift oder Zeitung einen besonders eindrucksvollen Schriftsatz, so trägt man dessen Titel, Verfasser und Fundort ebenfalls unter D ein. Desgleichen darf jeder gehaltvolle Brief – sowohl den man empfing, wie, den man selber schrieb – als „Weisung" gelten und bei D unter einer besonderen Nummer vermerkt werden.

Verwendet man statt des Merkbuches Merkkarten, so benutzt man am besten für die 4 Abteilungen vier verschiedenfarbige Karten. Unter A, B und C erhält jedes Buch – Zeitschrift – Vereinigung – eine Karte für sich. Der Text der dritten Spalte im Buch steht dann auf der Karte oben als Überschrift, die laufende Nummer oben in einer Ecke. Es gibt brauchbar eingeteilte Karteikarten zu kaufen. Was unter D einzutragen ist, würde man zu je 10 und mehr Nummern auf einer Karte unterbringen; die Spalteneinteilung müsste hier wie im Merkbuch sein. Wer nicht klein und deutlich schreiben kann, nimmt für die Eintragungen unter D besser ein Buch, auch wenn er für A, B und C Karten benutzt.

Das Besprechungsbuch:

Dieses dient der Selbst-Überwachung und der Nachprüfung des Geleisteten und Errungenen. Über alles Bedeutsame, das man las oder in Versammlungen, Bünden usw. erlebte, trägt man seinen unmittelbaren Eindruck in dieses durchnummerierte Buch ein; die Seitenzahl dieser Eintragung wird an der entsprechenden Stelle im Merkbuch notiert. Man äußert sich hier schonungslos: übt schärfste Kritik, hebt aber vor allem das Gute und Beste, die Förderung und Erleuchtung, die man durch das Gelesene und Erlebte empfing, ungehemmt hervor. Dies alles kann im Telegrammstil gehalten sein. Liest man das betr. Buch oder die Weisung später noch einmal und vergleicht den ersten Eindruck mit dem jetzigen, so wird man manchmal erhebliche Abweichungen feststellen, und diese zeigen den eigenen Fortschritt an. Man vermerkt auch diesen neuen Eindruck. Gute Bücher soll man stets nach Jahren noch einmal und immer wieder lesen, denn sie haben uns immer wieder Neues zu sagen, weil wir nicht stehen geblieben sind.
Was die Zeitschriften angeht, so vermerkt man in dem Besprechungsbuch. warum und durch wen angeregt man sie anschaffte, was sie Gutes und Bleibendes boten, und auch, warum man sie aufgab.
Über Erlebnis ein und mit Bünden (Logen, Orden, Kirchen usw.) sich zu äußern, wie auch über die Gründe des Eintritts und Austritts, kann recht lehrreich werden, weil man nach Jahren vielleicht eine ganz andere Haltung zu den betr. Organisationen einnimmt. Auch hiermit gewinnt man einen Maßstab für die eigene Fortentwicklung.
Besonders angeregt zum Besprechen wird man sich durch die vertraulichen Weisungen, Briefe und Akten fühlen, die unter D vermerkt sind, da sie am unmittelbarsten beeindrucken.
Dieses Besprechungsbuch kann als eine Art „Tagebuch" gelten. Man kann

sich darin auch über Dinge äußern, die keinen Bezug auf Eintragungen im Merkbuch (Merkkartei) haben.

Was man in dieses Buch schreibt, ist für keines anderen Menschen Auge bestimmt. Es dient nur der eigenen gesunden Gärung und Klärung. Man denkt und schreibt sich darin alle Not sofort vom Herzen, teilt diese also keinem anderen Menschen, vielmehr nur seinem eignen höheren Ich und Gott mit. Und so wahrt man die Würde des Gott-Menschen, welcher durch seine schweigende Tat Macht gewinnt über alle Not und alles Weh der Erdenwelt.

Die Opfer-Ordnung:

Die hier entwickelte Ordnung ist nicht etwas, das werden soll, sondern etwas, das ist; sie stellt ein wohl bewahrtes Ergebnis dar, welche, auch unabhängig von dem Zweck, dem es hier dient, Eindruck machen wird, da es den Kern des alten Opfergesetzes, den Kern echter Bruderschaft und wahren Nächstendienstes, und mittelbar auch den Kern jeder ehrlichen „Versicherung" aus einem Wust von Veräußerlichungen herausschält. Dieser Kern offenbart das Geheimnis der Erfüllung des Bruderschafts-Ideals; dieses ist: *das Opfer des Einen für Alle. Der Eine wird hier als der „Heilswalter dargestellt. Nur, wenn der Eine tatsächlich das Opfer für Alle bringt, finden Alle Sinn und Mut, sich für das Eine zu opfern, welches Alle eint und jedem Einzelnen die Richtung weist zu seinem Heil.*

Die Hefte I-III und das Sonderblatt der AR-CHE (zus. 1 RM.) besprechen und begründen, was hier in der Art einer Satzung kurz zusammengestellt ist. Wenn man nach Einblick in diese Opfer-Ordnung diese Hefte liest, wird man ein klares Bild vom Wesen des Opfers und seiner heilschaffenden Kraft gewinnen.

1. Die Opfer-Ordnung bietet die Regeln für die Leistung des Heilswalters und für die Gegenleistung der Werkfreunde in einem durch geistige Wahlverwandtschaft verbundenen Kreise aufwärtsstrebender Menschen. Beide Leistungen sind sowohl ideeller wie materieller Art. Die ersten werden in den Heften I-III der AR-CHE gewürdigt; hier kommt es im Wesentlichen auf die letzten an. Es wird deshalb vorwiegend vom Sinn und Wert des Münz-Opfers die Rede sein.

2. Die Opfer-Ordnung (O.O) tritt in der Idee in dem Augenblick in Kraft, wo die Bereitschaft zum Opfer gegenseitig d. h. vom Werkfreund (W-Fr) wie auch vom Heilswalter (H-W) erklärt ist (s. Voraussetzungen).

3. Während der ersten 6 Monate bleibt aber der W-Fr der Versandstelle (s. 4) gegenüber für die Bezahlung von Büchern, Schriften und Gegenständen, soweit er sie ausdrücklich bestellt hat, noch persönlich verantwortlich. Seine Opfergaben werden zwar als solche erkannt, kommen aber während der ersten 6 Monate noch der Versandstelle zu, soweit er bei dieser noch Schulden hat. Nach dieser Zeit fließt alles in die gemeinsame Opferkasse. Eine dann noch nicht beglichene Schuld wird von dieser an die Versandstelle für den W-Fr bezahlt, sodass er bei dieser jetzt keine Schulden mehr hat und – was immer er künftig für sein Heilswerk erhalten mag – fortab niemals mehr Schulden haben wird (s. 5, 9, 10, 11, 14). Sollte er freilich die Treue zum Opfer nicht wahren, dann würde er wieder in Schuld geraten, sowohl bei der Versandstelle wie vor allem bei dem H-W und bei dem ganzen Kreise; denn was er an kaufbaren Werten erhält – mag es auch noch so viel sein – ist belanglos im Vergleich zu den nicht kaufbaren Werten, die ihm über den H-W aus dem Kreise zukommen.

4. Der Heilswalter waltet über eine Weise und für den ganzen Kreis zweckmäßigste Verwendung der Münzopfer. Er arbeitet zusammen mit einer Versandstelle (z. B. Verlag). Diese erhält für alles, was sie – entweder auf direkte Bestellung eines W-Fr.s hin oder auf Veranlassung des H-W.s – an die W-Frr liefert, den Gegenwert in Bar, entweder von dem betr. W-Fr oder von dem H-W aus der gemeinsamen Opferkasse.

5. Die gemeinsame Opferkasse trägt die Kosten:

a. für alle Notwendigkeiten zur Förderung des Heilswerkes; darunter die Unkosten der persönlichen Arbeit des H-W.s und seines Verkehrs mit den W-Frr, sowie die Kosten von persönlichen Zusammenkünften:

b. für die kaufbaren Bücher, Zeitschriften usw., welche der W-Fr bestellt und braucht (s. 7). Wenn ein Buch oder eine Zeitschrift alle brauchen, so wird sie für alle angeschafft;

c. für Herstellung der eigens für den Kreis bestimmten unkäuflichen Drucke und Vervielfältigungen (Weisungen, Einweihungen, Akten);

d. für Anschaffung seltener oder teurer Werke, zum Ausleihen;

d. für symbolisch bedeutungsvolle Werkstücke (s. 7).

Dieses alles kommt dem W-Fr, der gemäß dieser Ordnung sein Opfer bringt, ohne Bezahlung zu; außerdem die nicht in Geldwerten ausdrückbare persönliche Arbeit des H-W.s: Pflege der Ordnung in Seele, Geist und Körper, Stärkung der magischen Kraft des Einzelnen und des Kreises, im Sinne der unter 3 der Werk-Ordnung gekennzeichneten 3 Stufen.

6. Rechenschaft über die Verwendung der Münzopfer darf man von dem H-

W nicht erwarten (s. Pkt. 1 der Werk-Ordnung); ein „Heilswalter" verdient jedes Vertrauen. Wenn einmal Überschüsse über die unter 5 aufgeführten Leistungen der Opferkasse entstehen, so werden diese für wirtschaftlichen Schutz der W-Frr verwendet werden.

7. Solange die unter 5 genannten Leistungen noch nicht im erwünschten Umfange erfüllt werden können, muss unterschieden werden zwischen Not-Gaben und Wunsch-Gaben. Notgaben umfassen alles, was der W-Fr unbedingt für sein Heilswerk braucht; dafür ist keinesfalls besondere Bezahlung nötig. Wunsch-Gaben sind solche, die zwar erwünscht, aber nicht unbedingt nötig sind; z. B. ein Sonnentalisman oder symbolische Werkzeuge, die man sich übrigens nach der Beschreibung selber herstellen könnte; dann auch Abbildungen dieser und anderer Dinge. Das Angebot derselben trägt den Vermerk: „Wunschgabe" und (wie alles) seine besondere Nummer. Wer sie zu eigen wünscht, schickt dem H-W eine leere 3 Pf.-Karte, auf der unter seiner Absender-Anschrift diese Nummer: aus geklammert, steht (s. W.O 12). Er erhält die Gabe mit einer Zahlkarte, auf welcher der Preis dafür vermerkt ist (s. W.O 12); diesen Betrag muss er einzahlen. Er übersteigt übrigens in keinem Falle die Selbstkosten.

8. Die Kosten für Druckwerke und alles, was nicht dem Heilswerk, sondern dem Berufswerk des W-Fr.s dient, trägt der W-Fr selber, und zwar aus seinem zweiten „5 vom 100" seiner Einnahmen (s. 9), das er für diesen Zweck sammelt und einbehält. Dasselbe gilt für Bücher und Dinge, die nur seiner Ablenkung dienen und, die er für andere bestellt. Nur die Versandgebühren trägt für ihn die Opferkasse. Solche Bestellungen sind der Versandstelle erwünscht, weil diese daran den Buchhändler-Rabatt verdient, was – in Anbetracht der engen Verbindung derselben mit dem H-W – schließlich wieder dem ganzen Kreise zugute kommt.

9. Nach dem alten Opfergesetz bringt jeder den Zehnten von allem, was er besitzt, „dem" Nächsten, d. h. der ihm nächstverbundenen Gemeinschaft als Opfer dar. Wie diese ihm und seinem Wirken hilft, so hilft er ihr und stärkt ihre Kraft, welche auf ihn zurückflutet. Wir teilen diesen Zehnten und opfern dessen eine Hälfte für das Gedeihen der eigenen Berufsgemeinschaft, als „Berufswerk-Opfer" (s. Sonderblatt), dessen andere Hälfte für das Gedeihen der Heils-Gemeinschaft, welche berufen ist, für Volk und Gesellschaft „die neue Welt der Ordnung und des Rechts" heraufzuführen (s. Heft III). Dieses „5 vom 100" ist das Heilswerk-Opfer, weil es dem eignen Heile dient. Während jenes für Berufsangelegenheiten einbehalten wird, kommt dieses dem Heilswalter für die unter 5

besprochenen Zwecke zu.

10. Das Heilswerk-Opfer dient dem Entfalten und Nutzbarmachen höchster Kräfte zur Meisterung des Lebens und Schicksals. Indem das eigentliche Opfer (Darbringen der Scheinwerte der eignen Seele..." , s. Heft II) dargebracht wird, erhöht sich der Wert des gleichlaufenden Münzopfers derart, dass sein Geldwert – so gering er sein mag – stets ausreicht, um allen besten und wertvollsten Lehrstoff für das eigene Heilswerk erwerben zu können, auch solchen, der mit noch so viel Geld nicht käuflich ist. Diese nicht zu berechnende Wertsteigerung – eine Art „Goldmachen" – kommt praktisch dadurch zur Wirkung, dass die Münzopfer aller Opfernden bei einem Heilswalter zusammenfließen, der seinerseits diese Kunst der Stoffveredelung beherrscht. Nur er kann jedem die ihm notwendigen Gaben zuteilen, ohne Rücksicht darauf, ob der Kaufwert der Gabe, sofern sie überhaupt käuflich ist, dem Geldwert des Münzopfers des betr. W-Fr.s entspricht; denn sein Wertmaß ist nicht der Geldwert des Münzopfers. sondern der Heilswert des eigentlichen Opfers.

11. Dem Leitsatz gemäß: „Einer für Alle und Alle für Einen" kommt die Höhe des Münzopfers überhaupt nicht in Frage. Hier wird nicht mehr ein „Soll und Haben" einander gegenübergestellt; denn das wirkliche Soll und Haben hält sich stets die Wage, wenn der H-W wie der W-Fr die Treue zum echten Opfer wahren. Bei solcher Treue hat jeder – auch der wirtschaftlich Ärmste – ein Recht auf alles, was er für sein Heilswerk braucht und kommt niemals in Schulden; denn sein „5 vom 100" wiegt genau soviel wie das „5 vom 100" eines wirtschaftlich gut Gestellten.

12. Geld ist nicht „das" Opfer. Das Münzopfer ist nur ein sichtbares Zeichen dafür, dass – unsichtbar in schweigender All-Einheit – das eigentliche Opfer wirklich dargebracht wurde. Nur in dem Falle hat die Geldgabe den Wert eines „Opfers"; anderenfalls ist sie nur ein Geldstück, welches der Heilswalter zurückweisen wird, wenn er fühlt, dass das echte Opferwerk versäumt wurde.

13. Das tägliche Opfer bringt die alte gute Gewohnheit einer täglichen Sammlung und Aufladung der Kräfte wieder zur Würdigung, die sogenannte „heilige Stunde". Das tägliche Opfer muss nicht mit einem täglichen Münzopfer verbunden werden: es ist aber klug, wenn es geschieht, besonders für die, welche sehr rechnen müssen. Müssten sie am Monatsende den ganzen Opferbetrag ihrer Kasse entnehmen, so würden sie das empfindlich spüren, während sie den 30. Teil täglich nicht spüren. Das Münzopfer darf niemals drücken: es kann auch an sich nie so hoch sein, dass man um des Willen das Nötigste entbehren müsste, da es nie mehr als 5 vom 100 beträgt. Selbst das Bewusstsein, für solches Opfer ein Recht auf unvergängliche Quellen-Werte zu haben, soll nicht zu Geldleistungen anregen, die als drückend empfunden werden. Am wenigsten drückend wird immer das tägliche Opfer sein.

14. Als Regel für die Höhe des Münzopfers für das Heilswerk gilt: 5 vom 100 der Einnahmen (s. 9). Von Rechtswegen soll das Zwanzigstel von allen Einnahmen das Opfer sein; zur Pflicht aber soll nur die allerschonendste Berechnung gemacht werden. Demnach kommen nur die für die eigene Person zur Verfügung stehenden Gelder und Geldeswerte in Betracht. Die Familie z. B. nimmt nicht an dem Münzopfer teil. Darum sind nicht zu den „eigenen Einnahmen" zu rechnen: die Beträge für das Finanzamt, für die Lebenshaltung der Familie, für „dauernde Lasten", für Gehälter an Angestellte, für Prämien an Versicherungskassen. Wohl aber gehören zu den „eignen Einnahmen" die von der Person des W-Fr.s bezogenen Invaliditäts-, Versicherungs-, Pensions- und Unterstützungsgelder wie auch derjenige Teil der Einnahmen, die für die eigene Wohnung und Beköstigung bezahlt werden muss; aber nur der Teil davon, der auf die eigene Person entfällt: demgemäß aber auch der Geldwert für freies Wohnen und Beköstigtwerden, z. B. im Hause der Eltern oder eines Gönners.

15. Die Feststellung der Einnahmen für die eigene Person bringt Ordnung in die ganze Wirtschaftshaltung und darf deshalb nicht – in der Hoffnung etwaige Abgaben verringern zu können – von der Absicht geleitet sein, möglichst wenig zu errechnen; denn damit belastet man die, für welche man zu sorgen hat, ungerecht, täuscht sich selbst und – wenn demzufolge auch an dem Münzopfer ungerechte Abzüge gemacht werden – die Bruderschaft, von der man alle Heilshilfen, Erfolg- und Machtsteigerung für den Kampf mit dem eignen Schicksal erwartet und erhält.

16. Der Zehnte der eigenen Einnahmen muss, selbst wenn man mit dem Kreis, der diese Ordnung erfüllt, keine Beziehung wünscht, als unberührbar gelten. Er ist keinesfalls für den eigenen Verbrauch bestimmt; denn er ist das Opfer an materiellen Werten, das man darbringen muss, um im rechten Sinne: „Gold machen" zu können: Gold des Geistes, Gold der Seele und greifbares Gold. Was man sonst fortgibt, verliert sich in dem, was man dafür erhält; dieser Zehnte aber – im Geiste des echten Opfers ohne Berechnung und ohne Hoffnung auf Dank und Vorteil geopfert – mehrt sich ohne persönliches Zutun unberechenbar und wird zur Quelle der Erfüllung

alles dessen, was man mit reinem Herzen wünscht.

17. Das Münzopfer wird unmittelbar an den Heilswalter eingesandt, in der Regel monatlich, auf Wunsch vierteljährlich. Für die Art der Sendung ist der geschlossene, nicht eingeschriebene Brief zu bevorzugen. Sollte sich die Unwahrscheinlichkeit ereignen, dass einmal ein solcher Brief verloren geht oder beraubt wird, so kann die Opferkasse für den Verlust aufkommen, da das Münzopfer eines Monats schwerlich mehr betragen wird als die Gebühren aller W-Frr für das „Einschreiben" oder für Postanweisungen. Diese lassen sich meist umgehen. Was die Überweisung auf Postscheckkonto betrifft, so stimmt diese nicht ganz zu der Idee eines „Opfers". Aber jeder tue, wie es ihm am besten scheint. Den Empfang des Münzopfers bestätigt der H-W zum nächsten Monatsersten. Wer sofortige Bestätigung wünscht, verfährt, wie unter 15 der W.O angegeben.

18. Unter besonderen Umständen kann das Münzopfer in Wertleistungen dargebracht werden, sofern dieselben nötig und begehrt werden. Darüber entscheidet der Heilswalter.

19. Die Leistungen der Opferkasse werden den unter 5 gegebenen Versprechungen umso besser gerecht, je mehr W-Frr ihr „5 vom 100" ohne Abzug der einen Stelle zuwenden und demgemäß alles notwendige von dieser einen Stelle erhalten. Wer an anderen Stellen Zahlungsverpflichtungen für seine Heils-Angelegenheiten hat, der kann sein Münzopfer um diese Beträge kürzen oder kann sie durch den H-W bezahlen lassen (s. Sonderblatt).

20. Damit ist diese Opfer-Ordnung abgeschlossen. Sie ist nicht „die" Opfer-Ordnung, sondern nur die erste und die zur Zeit einzig mögliche. Dessen sind sich eine ganze Anzahl von Werkfreunden bewusst; sie sind über die hier vertretene Auffassung vom Münzopfer hinausgewachsen, insofern sie eine Geldgabe. Für die sich – gemäß Pkt. 5 – ein berufener Heilswalter zu auch sachwertigen Gegenleistungen verpflichtet fühlen will, nicht als wirkliches Opfer gelten lassen; jedenfalls „erwarten" sie Gegenleistungen zum Wenigsten dieser Art nicht, möchten deshalb z. B. die von ihnen bestellten Bücher bezahlen, und tun das auch, soweit sie können, und verzichten damit auf Rechte, die ihnen gemäß dieser Opfer-Ordnung zugestanden werden. Ohne Frage ist diese Auffassung die tiefere; denn der im rechten Geiste Opfernde erwartet wirklich für seine Opfertat, die ihm Glück und Bedürfnis ist, weder Gegenleistung noch Lohn. Vorläufig aber kann eine solche Auffassung nicht zur Grundlage einer Opfer-Ordnung gemacht werden, weil fast alle noch in der mammonistischen Denkweise von greifbaren Gegenleistungen verstrickt sind; die Befreiung aus derselben ist nur stufenweise möglich. Hier wurde die erste dieser Stufen gezeigt, auf der die fast bis zur Ungerechtigkeit gegen sich selbst gesteigerte Opferlust eines Menschen die anderen tief genug beeindrucken wird, um sich zu den ersten Befreiungsversuchen aus dem Banne des Mammons ermutigt zu fühlen.

Hagal * Rune

Das goldene Blatt der Weisheit
Seila Orienta/Franz Bardon

Zum ersten Mal in der okkulten Literatur wird die 4. Tarotkarte des Hermes Trismegistos verständlich beschrieben und offengelegt. Sie beinhaltet unbekannte Konzentrations- und Meditationsübungen. Des Weiteren gibt sie Hinweise und erklärt die Unterschiede zwischen Magie und Mystik und Gefahren des einseitigen Weges. Am Ende steht die Verbindung mit der universellen Gottheit, dem Herrn der Sonnensphäre, welcher quabbalistisch „Metatron" genannt wird.

*

5. Tarotkarte – Mysterien des Steins der Weisen
Seila Orienta/Franz Bardon

Dieses Buch stellt die Vorderseite der Alchemie dar, die die einzelnen praktischen Übungsschritte erklärt, ohne die verschlüsselten Mystifikationen der alten Alchemisten auch nur annähernd zu erwähnen, wie man es aus den anderen Büchern des Franz Bardon kennt. Es wird erklärt, dass ohne vollkommene Beherrschung der 4 Elemente keine Alchemie möglich ist. Des Weiteren wird mit den einzelnen Ebenen, mit den Matrizen, dem elektromagnetischen Fluid usw. gearbeitet. Doch den Hauptpunkt stellen die göttlichen Eigenschaften wie z. B. die Allmacht dar, mit denen der Göttliche Stein der Weisen durch gewisse Übungen geladen wird.

*

Talismanologie und Mantramkunde
Seila Orienta/Franz Bardon

Zum ersten Mal werden hier (magisch) geladene Mantrams – Gebetssätze – preisgegeben, welche bei nötiger Reife, Ausgeglichenheit und Reinheit durchdringende Erfolge versprechen. Mantrams sind ja nach Bardon nicht irgendwelche „Suggestionssätze", sondern sie sind Ideenausdrücke, mit denen man mit Mächten, Kräften, Eigenschaften, also Gottheiten, in Verbindung kommen kann. Gleichzeitig werden die dazugehörigen Siegelzeichen der göttlichen Ideen preisgegeben, welche im rituellen

Zusammenhang mit den Mantrams stehen. Ein Buch, das nicht nur die Hermetiker, sondern auch die Anhänger der Yogawissenschaften inspirieren wird!

*

Eine Sammlung der schönsten und lehrreichsten Beschwörungsgeschichten
Hohenstätten

Dieses Buch ist einzigartig, denn es zeigt den zweiten Band von Franz Bardon an Hand von interessanten Evokationsberichten, die genau das bestätigen, was Bardon in seinem Buch geschrieben hat, und noch darüber hinaus. Es werden sensationelle Erlebnisse geschildert, die man sonst niemals findet. Auch aus unveröffentlichten Schriften wird zitiert.

*

Verkörperungen des Meister Arion
Hohenstätten

Man wird beim Lesen dieses Buches nicht glauben, wie viele bekannte und unbekannte Inkarnationen Franz Bardon hatte. Die paar, die im „Frabato" bekannt gegeben wurden, stellen nur einen geringen Teil seiner Verkörperungen dar. Wir mussten, da es dermaßen wenig Literatur über die Verkörperungen gab, wieder Hunderte und Aberhunderte von Büchern, Aufsätzen, Zeitschriften und Artikeln durcharbeiten, bis wir genügend Material für dieses Buch hatten. Aber der Leser wird sich beim Lesen sicherlich über unsere Arbeit freuen, denn sie wird ihn in Erstaunen versetzen!

*

Shamballa, der goldene Tempel des Lichts
Hohenstätten

Dieser Tempel dürfte jeden Leser von Bardons Roman „Frabato" fasziniert haben. Dass es aber in der okkulten Literatur noch viel mehr Informationen darüber gibt, die man aber nur findet, wenn man alles Veröffentlichte gelesen hat, dürfte dem einen oder anderen unbekannt sein. Es wurden wieder ganze Stöße von Büchern durchgesehen und das Ergebnis wird hier veröffentlicht. Es wird aber gleichzeitig darauf hingewiesen, wie viel Schundliteratur es darüber gibt, wie viel Lügen im Umlauf sind, damit sich der Schüler der Hermetik ein klares Bild machen kann. Wir bringen in

110

diesem Buch alles, was wir an Material darüber gefunden haben, und es wird auch noch einiges aus der eigenen Erfahrung, was das Wertvollste ist, mitgeteilt. Nicht nur über den Tempel wird berichtet, sondern auch über die damit verbundene „Bruderschaft des Lichts", deren Sitz er darstellt.

*

Auf der Suche nach Meister Arion
Hohenstätten

Diese Autobiographie eines Schülers der Hermetik des Franz Bardon schildert sein magisches Leben, in welchem zahlreiche Erfahrungen zu den Übungen aus dem Adepten geschildert werden, die die Hauptperson selbst erlebt hat. Es wird der schwere Weg des Adepten aus autobiographischer Sicht gezeigt, seine vielen Tiefschläge, aber auch seine glanzvollen Seiten und Zeiten. Der harte Kampf mit dem Seelenspiegel wird bis in alle Einzelheiten aufgezeigt, genauso wie die vielen anderen Wege, in welche der Autor reinschnupperte, um dadurch reichlich Erfahrung sammeln zu können. Darüber hinaus enthält es unzählige Erfahrungen und Berichte betreffs Mantramistik nach Bardon, die wahre Runenmagie, zahlreiche Evokationen sowie Invokationen mit seinem Lehrer Anion, einen magischen Exorzismus, wie er bisher noch nie öffentlich geschildert wurde. Mentalreisen, Beeinflussungen, Übungen zur Gottverbundenheit, Erscheinungen, Alchemie, Heilungen mit den verschiedensten magischen Methoden z. B. Quabbalah oder durch die Elemente, Schutzgeistevokationen und viele andere magische „Wunder" seines Freundes und Lehrers Anion. Auch einige magische Fotos in Farbe, ein bisher von Bardon unveröffentlichtes Akashafoto von Christus und ein Bild des schwebenden Meister Arion werden in diesem Buch preisgegeben. Der Inhalt ist viel reichlicher, als hier kurz beschrieben werden kann.

*

Magisches Gleichgewicht
Hohenstätten

Dieses Buch zeigt eindeutig, dass in allen anderen Systemen das „Gleichgewicht" genauso gebraucht wird, wie bei Bardons Werken. Er war nicht der Einzige, der das erwähnte, aber er war der erste, der es deutlich erklärte, denn die anderen Systeme sprachen nur durch das Symbol, welches nicht jedem Leser verständlich war. Obendrein bringen wir noch Unveröffentlichtes vom Meister Arion zu dieser Grundlage der magischen

Entwicklung.

*

Das Leben und die Erfahrungen eines wahren Hermetikers
Seila Orienta

Diese Autobiographie eines Magiers ist unübertroffen, denn bis jetzt hat kein einziger okkult Geschulter so offen und ehrlich gesprochen wie Seila Orienta. Er gibt in diesem Werk sein Leben bekannt, sowie seine zahlreichen und äußerst interessanten Erlebnisse und Erfahrungen. Es werden auch zum ersten Mal Fotos von Wesen der Sphären gezeigt, welche Franz Bardon höchstpersönlich in den 1920ern gemacht hat. Des Weiteren schreibt Seila Orienta über die Sphären, über Dämonen, Logenkontakte und vieles, vieles mehr, was einem ehrlich strebenden Hermetiker das Herz übergehen lassen wird.

*

Das Leben des Franz Bardon
Hohenstätten

Dieses Buch beschreibt das Leben des Meisters außerhalb des Frabatos, welches seine Sekretärin – Otti V. – geschrieben hat. Es beinhaltet Erklärungen zu seiner „Biografie", weitere Einzelheiten über den Kampf mit der FOGC, seine Beziehung zu Wilhelm Quintscher und anderen Okkultisten, was alles bisher unbekannt war! Des Weiteren werden viele Erlebnisse seiner Schüler in Prag erzählt, verschiedene magische Leistungen und interessante Geschichten Bardons beschrieben, die bis dato unveröffentlicht sind. Es werden auch seine drei Lehrwerke und deren Wirkung auf die Öffentlichkeit von einem anderen, unbekannten Standpunkt geschildert, welcher durch bisher schwer zugängliche Schriften unterstützt wird. Als Krönung wird seine aus dem Tschechischen übersetzte „Runenschrift" zum ersten Mal veröffentlicht. Auch einige Seiten aus anderen unveröffentlichten Schriften von ihm sowie interessante Fotos des Meister Bardon und seiner Freunde werden hier preisgegeben und vieles, vieles mehr.

*

In Verbindung mit der Gottheit
Hohenstätten

Über das Thema der Gottverbundenheit mit all seinen Formen und

Methoden wurde bis heute noch nie ein Buch verfasst, geschweige denn eine Schrift geschrieben. Man findet in der okkulten wie in der östlichen Literatur nur spärliche Hinweise, die größtenteils verschlüsselt sind oder so geschrieben wurden, dass man sie kaum versteht. Im Gegensatz dazu wird in diesem Buch offen dargelegt, dass das 1. kleine Arkanum der 78 Tarotkarten die Gottverbundenheit in ihrer Reinform darstellt.

*

Hermetische Heilmethoden
Hohenstätten

Dieses Buch stellt in der okkulten Literatur ein absolutes Unikum dar, denn über die Gesamtheit der okkulten Heilmethoden wurde bis jetzt noch NIE etwas Sinnvolles geschrieben. Es werden alle Heilmethoden erwähnt, die der hermetische Schüler mit Hilfe seiner bisher erlangten Konzentrationsfähigkeit ausüben und verwenden kann.

*

Erste hermetische Zeitschrift

„Der hermetische Bund teilt mit" ist eine der wenigen magisch-mystischen Zeitschriften, welche sich soweit als möglich auf die universelle Lehre von Franz Bardon bezieht. Sie versucht sich an die Gesetze des 4-poligen Magneten zu halten und vermittelt Wissen sowie Hinweise für die Praxis, damit der Leser die Möglichkeit hat, sie in seinen hermetischen Weg aufzunehmen und für sich gewinnbringend zu verarbeiten.

Noch viel mehr hermetische Literatur finden Sie auf unserer Website: http://www.hermetischer-bund.com.

Viel Vergnügen beim Stöbern!

Der Verlag